PETITE HISTOIRE ANCIENNE

ORIENT

PETITE

HISTOIRE ANCIENNE

— ORIENT —

ÉGYPTIENS — ASSYRIENS — BABYLONIENS
OU CHALDÉENS
PHÉNICIENS — LYDIENS — MÈDES ET PERSES

PAR M. M.

AVIS

L'auteur de ce petit livre, écrit pour de jeunes enfants, s'est proposé de leur donner un résumé rapide et clair de l'Histoire des principaux peuples de l'ORIENT, depuis les premiers temps de l'Égypte, jusqu'à la conquête de l'Empire Perse par les Grecs.

Pour ne pas fatiguer les délicates intelligences auxquelles il s'adresse, ce résumé a été réduit aux faits les plus saillants, et ne comprend que les DATES et que les NOMS ESSENTIELS, et qu'il est indispensable pour un enfant de connaître.

Tout en tenant compte des progrès de la Science Historique, qui, dans ces dernières années, a fait justice des fables que les écrivains de l'antiquité avaient adoptées trop légèrement, l'auteur n'a pas cru devoir supprimer ces *Légendes*, dont se sont inspirés les poètes et les artistes de tous les pays et de tous les temps, et dont la connaissance est aussi nécessaire, au moins, que celle de la Mythologie.

On trouvera des détails pleins d'intérêt sur les faits que ce simple récit ne peut qu'indiquer, dans les deux excellents volumes que M. RAFFY, l'auteur bien connu des *Lectures géographiques* et des *Lectures historiques*, a consacrés à l'ORIENT et à la GRÈCE.

PETITE

HISTOIRE ANCIENNE

— ORIENT —

ÉGYPTIENS — ASSYRIENS — BABYLONIENS
OU CHALDÉENS
PHÉNICIENS — LYDIENS — MÈDES ET PERSES

PAR

M. M.

PARIS

IMPRIMERIE SERINGE FRÈRES

2, PLACE DU CAIRE, 2

1882

I

1. ÉGYPTE

Ses premiers Habitants.

Il y a au nord-est de l'AFRIQUE, sur les bords de la MÉDITERRANÉE, une contrée séparée de l'ASIE par l'ISTHME DE SUEZ ; cette contrée nommée l'EGYPTE a été l'une des plus anciennement peuplées du monde entier : lorsque des hommes originaires de l'Asie vinrent pour s'y établir (il y a de cela des milliers d'années), ils y trouvèrent des peuplades noires, sauvages, ignorantes, qui s'effrayèrent à leur approche et se retirèrent vers le sud.

Les nouveaux venus avaient dû, pour arriver en Egypte, traverser des déserts sablonneux et brûlants ; aussi furent-ils heureux de se fixer dans ce pays, arrosé par un grand fleuve ; ils ne tardèrent pas à s'apercevoir que ce fleuve, appelé le NIL, était non-seulement utile, mais indispensable à leur existence ; en effet, il ne pleut presque jamais en Egypte, et la sécheresse rendrait toute espèce de culture impossible, si les inondations du Nil ne donnaient au sol l'humidité nécessaire : chaque année, au printemps, les eaux s'élèvent, débordent et couvrent bientôt les campagnes, qui restent inondées pendant plusieurs semaines ; puis le fleuve se retire lentement, en déposant sur la terre un limon épais qui la rend fertile. Grâce à ce limon, la vallée du Nil produit, sans beaucoup de travail, d'abondantes moissons.

Par malheur, ce fleuve bienfaisant formait alors, dans les vastes étendues de terrain plat qu'il parcourt, des marécages inhabitables, dont le voisinage était même malsain. Il fallut donc, avant tout, régulariser le cours du Nil, élever des digues, creuser des canaux ; ce fut un long travail, qui dura bien des siècles ; mais lorsqu'il fut terminé, l'Egypte était devenue un beau pays, riche et fertile. Des villes furent bâties peu à peu, et l'une des plus grandes et des plus belles reçut le nom de MEMPHIS.

II

ÉGYPTE

2. LES ROIS DE MEMPHIS

Temps incertains

MÉNÈS. — Religion des Égyptiens. — Construction des Pyramides. — KHÉOPS et KHÉFREN. Honneurs rendus aux morts.

Le fondateur de Memphis s'appelait MÉNÈS ; c'était un homme intelligent, habile, qui décida tous les habitants du pays à lui obéir, et fut ainsi le premier roi d'Egypte. Il voulut donner à tous ses sujets les mêmes usages, les mêmes lois et aussi les mêmes cérémonies religieuses : c'est lui qui organisa le culte des dieux. Si nous disons : les dieux, c'est qu'en effet les Egyptiens en adoraient un grand nombre : non seulement ils offraient des sacrifices au SOLEIL, qu'ils appelaient OSIRIS, et à la LUNE, qu'ils appelaient ISIS, mais ils honoraient presque de même les animaux qui leur étaient utiles, comme le BŒUF, nommé APIS, le CHIEN, nommé ANUBIS, etc., puis ceux qu'ils craignaient et qu'ils espéraient ainsi rendre plus doux, par exemple le CROCODILE; enfin les plantes qui leur servaient de nourriture.

Les prêtres pensaient bien, il est vrai, que tous ces êtres étaient les dons d'une seule et même divinité; mais la plupart des Egyptiens étaient trop peu instruits pour comprendre cette croyance, et ils adoraient de très-bonne foi les animaux sacrés, auxquels ils avaient coutume d'offrir de l'encens et d'adresser des prières.

Les rois qui succédèrent à Ménès établirent, comme lui, leur résidence ordinaire à Memphis. Ils y firent construire pour les dieux des temples magnifiques, et pour eux-mêmes de riches palais.

Parmi les monuments élevés à cette époque, les plus connus, ceux dont on parle le plus souvent, sont les PYRAMIDES ; ces pyramides sont d'énormes constructions en pierre, dont la base forme un carré, et dont les quatre côtés vont en se rétrécissant, de sorte que de loin elles semblent se terminer en pointe. En réalité, il se trouve au sommet une plate-forme ou terrasse ; on n'y atteint pas facilement, parce que les marches, taillées dans le roc, ont une hauteur considérable (les plus hautes ont jusqu'à deux mètres) ; mais lorsqu'on y est parvenu, on jouit d'un admirable coup d'œil sur un horizon immense.

Les Pyramides ont été si solidement bâties qu'elles subsistent encore aujourd'hui ; on en voit onze auprès de Memphis, mais toutes ne sont pas de mêmes dimensions. Les deux plus grandes furent élevées par l'ordre de deux rois nommés KHÉOPS et KHÉFREN, pour leur servir de tombeaux ; mais les Egyptiens ne connaissaient pas la plupart des machines dont on se servirait maintenant pour exécuter un pareil travail ; ils n'avaient à leur disposition que des instruments bien simples ; il leur fallut donc beaucoup de temps, et pendant les longues années que dura la construction, il y eut sans cesse un grand nombre d'ouvriers occupés. Or cette besogne était bien rude, et beaucoup d'artisans succombèrent à la fatigue ; aussi quand le roi Khéfren mourut, laissant sa pyramide à peine achevée, une révolte éclata : les ouvriers furieux brisèrent les statues qui représentaient Khéops et Khéfren ; puis ils saisirent les corps de ces deux princes et les mirent en pièces.

Il fallait que le peuple fût bien irrité contre les rois qui avaient ordonné des travaux si pénibles, pour les priver ainsi des honneurs de la sépulture ; car dans ce pays le respect des morts était porté au plus haut point. Lorsqu'un Egyptien mourait, son corps était soigneusement enveloppé de bandelettes parfumées, et préparé de telle sorte qu'il pouvait se conserver pendant des siècles; on lui donnait alors le nom de MOMIE.

Chaque Egyptien gardait avec le plus grand soin les momies de ses parents, soit déposées dans un tombeau, soit renfermées dans un coffre fait exprès pour cet usage. De notre temps, on a retrouvé quelques-unes de ces momies qui s'étaient parfaitement conservées, et on les a portées dans les grandes villes d'Europe; à Paris, par exemple, on peut en voir au musée du Louvre.

III

ÉGYPTE

3. LES ROIS THÉBAINS

Temps incertains

Conquête de l'Ethiopie. — Le lac Mœris. Le Labyrinthe.

Pendant que les successeurs de Ménès régnaient à Memphis, d'autres villes avaient été fondées, et l'une d'elles devenait même grande et riche; on la nommait Thèbes, et elle était située vers le sud de l'Egypte, mais toujours sur le rivage du Nil. Les officiers qui gouvernaient à Thèbes, au nom des rois d'Egypte, réussirent peu à peu à se rendre indépendants; puis, profitant de querelles et de troubles qui avaient éclaté à Memphis, ils soumirent tout le pays; alors commença une nouvelle race de rois dont la capitale ne fut plus Memphis, mais Thèbes.

Ces rois, dans leur nouvelle résidence, ne se trouvaient pas loin de la frontière du sud, et ils savaient que de ce côté s'étendait une région habitée par une race noire; cette contrée, que nous appelons aujourd'hui la NUBIE, portait alors le nom d'ETHIOPIE : or on y trouvait des bois précieux, on y chassait l'éléphant, dont les dents fournissent l'ivoire, et, de plus, des marchands y apportaient d'Asie des parfums et de la poudre d'or; ces richesses excitèrent la convoitise des rois Thébains, qui s'emparèrent de l'Ethiopie.

Mais en même temps qu'ils agrandissaient leur royaume par la guerre, ils ne négligeaient pas les travaux de la paix; et l'un d'eux, nommé AMÉNOPHIS, ou Mœris, se rendit célèbre par un travail très important et très utile : il fit creuser, par de nombreux ouvriers, un immense bassin, ou plutôt un lac, destiné à recevoir les eaux du Nil, lorsque l'inondation était trop abondante; ces eaux restaient en réserve, et dans les moments de sécheresse, on ouvrait des canaux pratiqués exprès, qui portaient dans toutes les parties de l'Egypte le trop plein emmagasiné depuis la dernière inondation.

C'était une idée fort ingénieuse, et le lac Mœris rendit de très grands services au pays. Lorsque le lac fut creusé, et avant d'y laisser arriver les eaux pour la première fois, on construisit au milieu deux pyramides beaucoup plus petites que celles de Khéops et de Khéfren, et ces pyramides servirent de piédestaux à deux statues colossales, dont l'une représentait Aménophis lui-même, et l'autre la reine sa femme.

Le travail terminé, les statues s'élevèrent au dessus des eaux qui remplissaient le lac et couvraient entièrement les pyramides; de sorte que la vue de ces colosses rappela sans cesse aux Egyptiens le souvenir du roi qui avait exécuté un travail si utile.

Non loin du lac Mœris, on voyait un vaste palais nommé le LABYRINTHE, qui contenait, dit-on, plus de quinze cents chambres ou salles; au dessous, on avait creusé des galeries souterraines où étaient conservées les momies des animaux sacrés. Enfin les rois Thébains firent exécuter une foule de monuments, dont quelques-uns subsistent encore, malgré tous les bouleversements que l'Egypte a subis depuis quatre mille ans.

IV

ÉGYPTE

4. L'INVASION DES HYKSOS

XXe Siècle av. J.-C.

Conquête de la Basse-Égypte — Fondation d'Avaris par Salatis.
Domination des Hyksos pendant 300 ans;
Ils sont chassés par Ahmès, roi de Thèbes.

Il y avait déjà bien longtemps que les rois de Thèbes, plus connus sous le nom de Pharaons, gouvernaient l'Egypte, lorsqu'un nouveau peuple asiatique franchit l'Isthme de Suez. Ces étrangers, trouvant le climat agréable, le pays fertile, entreprirent de s'en emparer : ils vainquirent les Egyptiens, les réduisirent en servitude et conquirent tout le royaume, excepté

Thèbes et ses environs, qu'ils ne purent soumettre.

On donna à ces envahisseurs le nom de PASTEURS, parce qu'ils étaient adonnés au soin des troupeaux; quant à leurs rois, on les appela Hyksos, ce qui voulait dire *chefs des pillards* : tout d'abord, ils méritèrent bien ce nom, car ils ravagèrent le pays et le couvrirent de ruines; mais bientôt ils devinrent moins sauvages. Un de leurs chefs, nommé SALATIS, fonda une ville, dont il fit sa capitale, sous le nom d'AVARIS.

Les Princes qui succédèrent à Salatis gouvernèrent assez sagement : ils permirent aux Egyptiens de conserver leur religion, ils continuèrent les travaux commencés et rendirent leur domination supportable. Cependant, comme ils avaient toujours peur d'une révolte, ils accueillirent volontiers les tribus asiatiques qui voulurent bien venir s'établir dans leurs Etats, et c'est ainsi par exemple qu'un des Hyksos donna aux ISRAÉLITES la terre de GESSEN, sur la rive droite du Nil.

Ce n'était pas sans raison que les Hyksos se défiaient de leurs sujets : les princes Thébains projetaient toujours de reconquérir le royaume de leurs ancêtres ; lorsqu'ils se crurent assez forts, c'est-à-dire deux cents ans au moins après l'invasion, ils tentèrent l'entreprise ; ils auraient sans doute été vaincus, car les Hyksos étaient braves et habiles ; mais les Egyptiens préféraient les princes de leur race à ces étrangers, dont ils avaient toujours subi le joug avec peine : ils se révoltèrent de toutes parts, ce qui donna la victoire aux rois Thébains. La guerre fut terminée par le roi AHMÈS qui réussit à s'emparer d'AVARIS, et chassa les Hyksos avec leur peuple. Toutefois il permit à quelques tribus étrangères de rester dans le pays, à condition de lui être soumises, et les Israélites furent parmi les peuplades qui profitèrent de cette autorisation.

V

ÉGYPTE

5. LES CONQUÉRANTS ÉGYPTIENS

XVIIe Siècle av. J.-C.

AHMÈS : l'ETHIOPIE. — THOTMÈS : la SYRIE. SÉSOSTRIS.

Les rois Thébains, ou Pharaons, avaient pris, en combattant les Hyksos, le goût de la guerre et des conquêtes : AHMÈS commença par attaquer l'Ethiopie, qui avait cessé d'obéir aux rois d'Egypte depuis l'invasion des Pasteurs; il remporta la victoire, et pour achever la soumission des Ethiopiens, il épousa leur reine NOWERTARI, qui était noire comme tout son peuple.

THOTMÈS, fils d'Ahmès et de la Reine Noire, ne se contenta pas de régner sur l'Egypte et sur l'Ethiopie : il passa en Asie, où il soumit la SYRIE et la PHÉNICIE ; il fit même une expédition en MÉSOPOTAMIE, et, en souvenir de toutes ces guerres, on l'appela Thotmès le Grand. Ses successeurs l'imitèrent, et il ne se passa plus guère d'année sans quelque expédition lointaine.

De tous ces rois conquérants, le plus fameux fut Sésostris, qui portait aussi le nom de RAMSSÈS-MEIAMOUNN. A la vérité, il ne fit guère autre chose que soumettre les princes de la Syrie, qui se révoltaient sans cesse ; mais les Egyptiens racontaient à son sujet une foule de légendes merveilleuses qui ont rendu son nom célèbre. Ils disaient, par exemple, que le père de Sésostris avait fait élever avec le jeune prince tous les petits garçons nés à Thèbes le même jour que lui, et qu'il s'en trouvait dix-sept cents ; tous ces enfants partagèrent les jeux de Sésostris et s'attachèrent à lui ; lorsqu'il devint roi, il fit de ses anciens compagnons les chefs de son armée, et c'est avec ces officiers dévoués qu'il remporta de nombreuses victoires. On racontait même qu'il avait conquis l'INDE, la PERSE et les pays qui s'étendent jusqu'au bord de la Mer Noire (ou Pont-Euxin).

Ce qui est vrai, c'est que Sésostris fut à la fois un roi guerrier et un roi constructeur : c'est lui qui fit élever, entre autres monuments, un temple à LOUQSOR, et qui l'orna de deux obélisques, dont l'un a été transporté à Paris ; ce curieux monument est aujourd'hui dressé au milieu de la place de la Concorde. C'est une sorte de colonne à quatre faces, taillée d'un seul morceau dans le granit ; on y voit des dessins bizarres, appelés HIÉROGLYPHES, qui formaient l'écriture égyptienne, et que les prêtres seuls connaissaient.

VI

ÉGYPTE

6. SÉTHOS

1350-675 av. J.-C.

Décadence de l'Égypte.—Domination des Ethiopiens · Invasion de Sennachérib.

Il y eut après Sésostris bien des rois guerriers qui obligèrent les peuples vaincus à rester soumis. Mais, comme il arrive toujours, ces guerres continuelles, qui flattaient l'orgueil des rois, appauvrissaient et affaiblissaient le peuple égyptien : pour payer les frais des expéditions lointaines, les Pharaons établissaient des impôts considérables ; de plus, un grand nombre d'hommes mouraient dans les combats, et beaucoup aussi périssaient par suite des fatigues et des travaux pénibles auxquels on les assujettissait pour élever les monuments, temples et palais.

L'Egypte était donc épuisée d'hommes et d'argent; bientôt commença l'affaiblissement, la décadence; peu à peu les peuples vaincus, les Syriens, les Ethiopiens, cessèrent d'obéir aux rois d'Egypte; puis les tribus étrangères établies dans le pays réussirent à s'enfuir, malgré la volonté des Pharaons : c'est alors que les ISRAÉLITE quittèrent l'Egypte, sous la conduite de Moïse; enfin des révoltes éclatèrent de toutes parts, et pendant plusieurs siècles ce ne fut que trouble et que désordre.

Les Ethiopiens, qui avaient si longtemps subi la domination égyptienne, profitèrent de ce bouleversement pour attaquer à leur tour, et un roi d'Ethiopie, nommé SABACON, réussit à établir son pouvoir sur l'Egypte entière; un de ses parents nommé SÉTHOS ou TAHRAQA, régna après lui, et voici ce que l'on raconte à son sujet :

Séthos était un prince dur et impitoyable, qui s'était fait détester des guerriers, en leur enlevant les terres qu'ils possédaient, et du peuple en ordonnant de rudes travaux. Tout à coup, il apprit qu'une formidable armée conduite par SENNACHÉRIB, roi d'Assyrie, venait envahir l'Egypte. Il appelle aussitôt autour de lui les guerriers, dont le devoir était de combattre pour leur pays ; mais ceux-ci répondent qu'ils ne veulent point servir un maître si injuste. Séthos, alors, réunit à la hâte un petit nombre d'ouvriers et de laboureurs, qui veulent bien oublier sa dureté et l'aider à défendre la patrie ; et le roi, suivi de cette petite armée, s'avance contre les Assyriens.

Malheureusement les nouveaux soldats étaient bien inhabiles à manier les armes, et ils commençaient à se désespérer en voyant de loin l'innombrable armée des Assyriens. Séthos, pour leur donner du courage, leur assura que les dieux allaient lui envoyer un secours miraculeux; et, en effet, pendant la nuit, une multitude de rats pénétrèrent dans le camp ennemi, rongèrent les brides des chevaux, les cordes des arcs, les courroies des boucliers, si bien que les Assyriens, ne pouvant faire usage de leurs armes, s'enfuirent en désordre, et que l'Egypte fut sauvée.

Séthos, vainqueur sans combat, voulut conserver le souvenir de cet événement, et il fit placer dans un temple de Memphis une statue qui le représentait tenant dans sa main un gros rat; sur le socle (c'est-à-dire sur le bloc de pierre qui soutenait la statue), on avait gravé cette inscription : « Apprenez, en me « voyant, à respecter les dieux. »

Le fait réel que les prêtres égyptiens voulaient rappeler par cette histoire peu croyable, c'est que les troupes de Sennachérib furent ravagées par la peste, et que le roi d'Assyrie, voyant son armée réduite à un petit nombre de soldats, renonça à son projet d'asservir l'Egypte.

VII

ÉGYPTE

7. PSAMMÉTIQUE

675-595 av. J.-C.

Les douze Rois.— Exil de Psammétique ; sa victoire ; faveur accordée aux Etrangers.
Néko : Voyage autour de l'Afrique.

Le règne de Séthos et de ses successeurs fut encore troublé par des invasions assyriennes et par de nombreuses révoltes ; enfin les Assyriens se retirèrent, et les rois Éthiopiens furent aussi chassés, de sorte que les Égyptiens se retrouvèrent libres.

Douze princes régnèrent d'abord dans les diverses villes de l'Égypte ; mais l'un deux réussit bientôt à devenir seul roi, et son histoire est, comme celle de Séthos, embellie par les historiens de détails merveilleux.

Les douze rois, disait-on, avaient commencé par s'entendre en toutes choses ; ils semblaient même unis d'une amitié sincère ; par malheur chacun d'eux eut l'idée d'établir son autorité sur les onze autres, et dès lors la défiance et la jalousie se glissèrent entre eux. Ils firent consulter un oracle sur ce que l'avenir leur réservait, et la réponse de l'oracle fut celle-ci : « La royauté appartiendra sans « partage à celui des douze princes « qui offrira des libations à Osiris dans « un vase d'airain. »

Dans ce temps-là, il était d'usage, lorsqu'on offrait des sacrifices aux dieux, de répandre sur l'autel du vin, du lait ou des essences odorantes ; c'était ce qu'on appelait faire des libations, et l'on gardait dans tous les temples des coupes d'or et d'argent pour cette cérémonie.

Or, un jour que les douze rois, réunis dans un temple, offraient un sacrifice solennel, on ne trouva, au moment de faire les libations, que onze coupes d'or, et l'un des princes, nommé PSAMMÉTIQUE, prenant son casque qui était d'airain, s'en servit comme d'une coupe. Aussitôt les autres rois craignirent de voir l'oracle s'accomplir au profit de Psammétique ; ils le prirent en haine, le dépouillèrent de son pouvoir et voulurent même le tuer ; pour leur échapper, il s'enfuit sous un déguisement, et se réfugia dans une province pauvre et marécageuse, située au bord de la mer ; là, il vécut inconnu pendant plusieurs années. Cependant, il n'avait pas perdu tout espoir de ressaisir l'autorité, et il fit de nouveau consulter l'oracle ; cette fois l'oracle lui répondit « que des hommes d'airain

« sortis de la mer changeraient sa « destinée. »

Peu de temps après, des Grecs jetés sur la côte par un naufrage, descendirent à terre couverts de leurs armures; un Égyptien, qui n'avait jamais vu d'hommes armés de la sorte, courut dire à Psammétique que des hommes d'airain, apportés par la mer, pillaient les campagnes. Psammétique se rappela la prédiction de l'oracle ; il vint trouver ces soldats, et les décida par de grandes promesses à le servir contre ses rivaux; se mettant alors à leur tête, il réunit une armée, vainquit les onze rois, et régna seul sur l'Égypte.

En reconnaissance du service que ces Grecs lui avaient rendu, Psammétique permit aux marchands grecs de venir en Égypte pour vendre et acheter, ce qui jusqu'alors avait été interdit aux étrangers ; il voulut aussi que les Égyptiens s'enrichissent par le commerce, et, par son ordre, ils construisirent des vaisseaux.

Néko, fils et successeur de Psammétique, protégea, comme lui, les marchands et les navigateurs ; il fit même entreprendre à des marins égyptiens un long voyage par mer : des vaisseaux, partis par la Mer Rouge et le détroit de Bab el Mandeb, firent le tour de l'Afrique, et revinrent en Égypte, après trois ans d'absence, par le détroit de Gibraltar et la Méditerranée.

VIII

8. LES DERNIERS ROIS D'ÉGYPTE

595-530 av. J.-C.

APRIÈS. — AMASIS. — Conquête de l'Égypte par les PERSES.

Tous les Égyptiens n'avaient pas vu avec plaisir la protection que leurs rois accordaient aux étrangers ; déjà, sous Psammétique, 240,000 guerriers égyptiens, mécontents de la faveur que ce prince montrait à ses soldats grecs, l'avaient abandonné et s'étaient mis au service du roi d'Éthiopie.

Sous le roi APRIÈS, petit-fils de Néko, une armée entière se révolta. Apriès chargea un de ses officiers, nommé AMASIS, de se rendre au camp et de faire rentrer les mutins dans le devoir; ceux-ci, loin de se soumettre, proposèrent à l'officier de l'élever au trône : Amasis accepta; le malheureux Apriès, ainsi trahi, tomba au pouvoir des révoltés et fut mis à mort.

Malgré cette trahison, Amasis fut pour l'Égypte un bon roi; mais il ne tarda pas à s'apercevoir que les grands du royaume ne lui obéissaient pas volontiers, quoiqu'il eût du courage et qu'il fût habile, parce qu'il était né dans une condition obscure. Pour leur montrer à la fois qu'il était instruit de leur mauvais vouloir, et que ce mauvais vouloir était injuste, il usa de stratagème : l'usage était d'offrir aux visiteurs, dès leur entrée au Palais, de l'eau, dans un grand bassin d'or, pour se laver les mains; Amasis fit fondre secrètement ce bassin, et de l'or qu'on en tira, il fit faire la statue d'une divinité. Aussitôt les courtisans vinrent adresser leurs vœux à la statue.

« Vous voyez, leur dit alors Amasis, « ce que peut un changement de desti- « née et d'état : cette statue, que vous « méprisiez lorsque vous la voyiez sous « la forme d'un bassin servant aux « usages les plus communs, vous la « révérez aujourd'hui, et vous venez « brûler de l'encens devant elle; il « vous faut de même oublier mon ori- « gine, et me rendre sans murmurer « les honneurs dus à mon rang. »

En cette occasion, Amasis avait fait preuve d'esprit; il montra mieux encore qu'il n'était pas indigne de la royauté en gouvernant l'Egypte avec sagesse; sous son règne, le pays fut riche et paisible.

Mais cette prospérité ne devait pas être de longue durée : à la fin de sa vie, Amasis reçut du roi de Perse, CAMBYSE, une déclaration de guerre; il mourut au milieu des préparatifs nécessaires pour repousser une invasion, et son fils PSAMMÉTIQUE III, défait par Cambyse, fut tué par ordre du vainqueur. L'Egypte entière, conquise en quelques semaines, ne fut plus qu'une des provinces de l'Empire Perse.

IX

1. BABYLONE ET NINIVE

Temps incertains

BABYLONE : NEMROD. — NINIVE : ASSUR. Légendes de NINUS, de SÉMIRAMIS et de NINYAS.

Vers la même époque où Ménès fondait Memphis en Egypte, la vallée du TIGRE et de l'EUPHRATE, en Asie, voyait aussi s'élever des villes destinées à devenir célèbres; parmi ces villes, deux surtout sont illustres : BABYLONE, située au bord de l'Euphrate, dans une région appelée CHALDÉE, et NINIVE, bâtie sur les rives du Tigre.

Les anciens attribuaient la fondation de Babylone à un homme du nom de NEMROD, qui, disait-on, avait été d'abord un intrépide chasseur de bêtes fauves.

Quant à Ninive, son fondateur aurait été un certain ASSUR; mais il est probable qu'Assur n'a jamais existé, et que les peuples riverains du Tigre et de l'Euphrate avaient inventé cette histoire pour expliquer le nom d'ASSYRIENS qu'ils portaient, et par lequel on désigne ordinairement tous les habitants de cette vallée, quoique Ninive et Babylone aient presque toujours servi de capitales à deux Etats différents et même ennemis.

Les anciens historiens racontaient sur les premiers siècles de l'Assyrie des légendes merveilleuses, qui sont certainement fausses, mais qu'il est pourtant intéressant de connaître; voici, d'après eux, le récit de ces événements :

Longtemps après la fondation de Ninive, régnait dans cette ville un prince habile et courageux, nommé NINUS (fils de BÉLUS, divinisé sous le nom de BAAL). Ninus forma le projet de soumettre à sa domination le royaume de Babylone, et il y réussit ; non content de cette première conquête, il dirigea ses armes vers l'ASIE MINEURE, puis vers la MER CASPIENNE, et partout il fut victorieux. Revenant alors à Ninive, il embellit cette capitale, en y faisant élever des monuments de toute sorte.

Ces travaux ne faisaient pas perdre à Ninus ses goûts guerriers ; il entreprit la conquête de la BACTRIANE, vainquit les Bactriens dans une bataille en plaine, mais fut obligé de faire le siège de la capitale, située sur une montagne escarpée. Les assiégés se défendirent vaillamment, et Ninus campait depuis longtemps devant BACTRES, sans arriver à prendre la ville, lorsqu'on vint lui annoncer qu'une femme, travestie en guerrier, avait trouvé le moyen d'escalader le rocher ; les soldats l'avaient suivie, et la ville était prise.

Ninus, émerveillé de cette audace,

voulut savoir le nom et l'histoire de cette héroïne : on lui dit qu'elle s'appelait SÉMIRAMIS ; que dans son enfance, abandonnée par ses parents et exposée dans une forêt, elle avait été nourrie par des colombes ; les unes la réchauffaient sous leurs ailes, tandis que les autres allaient chercher dans leur bec quelques gouttes de lait qu'elles apportaient à l'enfant. Lorsque celle-ci eut atteint l'âge d'un an, et qu'une nourriture plus solide lui devint nécessaire, les colombes allèrent dérober, dans une bergerie voisine, des parcelles de fromage. Les bergers, s'apercevant que leurs fromages étaient rongés, veillèrent à l'entour; ils remarquèrent les allées et venues des colombes; ils les suivirent, et découvrirent la petite fille, qu'ils recueillirent pour l'élever; sa beauté décida le chef des bergeries royales à l'adopter, et lorsqu'elle eut grandi, le gouverneur de SYRIE l'épousa.

Souvent il l'emmenait avec lui dans les expéditions militaires; c'est ainsi qu'elle se trouvait dans l'armée et avait pu rendre au roi cet important service.

Cependant le gouverneur de Syrie avait péri dans le combat; Ninus fit aussitôt de Sémiramis sa femme; et la nouvelle reine, qui était fière et ambitieuse, s'estima d'abord heureuse de partager avec lui la royauté; mais bientôt ce partage lui devint à charge : Elle demanda au roi de la laisser gouverner seule pendant quelques jours; Ninus eut l'imprudence d'y consentir et ordonna aux officiers du palais d'obéir sans murmurer à tout ce que la reine leur commanderait. A peine Sémiramis fut-elle en possession de ce pouvoir absolu, qu'elle fit saisir Ninus par ses propres soldats, et le fit plonger dans une prison, où peu de jours après il fut mis à mort.

Après avoir commis ce crime, Sémiramis éprouva des remords : sans cesse troublée par le souvenir de son époux et de l'ingratitude qu'elle avait montrée envers lui, elle envoya consulter un oracle, et l'oracle lui répondit que son propre fils NINYAS causerait sa perte.

Or ce fils était encore très jeune, et Sémiramis, sans s'inquiéter de cette prédiction qui ne pouvait se réaliser de sitôt, entreprit de surpasser la gloire de Ninus. Elle cessa de résider à Ninive, vint s'établir à Babylone, et fit de cette ville la plus remarquable de toute l'Asie : elle l'entoura d'abord de hautes murailles, si larges que deux chariots pouvaient y courir de front ; puis elle unit les deux rives de l'Euphrate par un pont de pierre, et à chaque extrémité de ce pont elle éleva un château ; elle consacra un temple au Soleil, et fit bâtir pour elle-même un magnifique palais, fameux par ses JARDINS SUSPENDUS, l'une des Sept Merveilles du Monde.

Au milieu de tous ces travaux, Sémiramis ne négligeait rien pour défendre et agrandir ses vastes Etats ; elle-même conduisait ses armées, et elle acheva de soumettre tous les peuples que Ninus avait vaincus. Un jour, elle était à sa toilette, lorsqu'on vint lui apprendre qu'une révolte éclatait parmi ses soldats ; elle courut au camp, sans prendre le temps de terminer sa coiffure, punit les chefs des rebelles et rétablit sur le champ l'ordre et la discipline ; pour rappeler cet incident, on lui éleva une statue qui la représentait les cheveux épars, telle qu'elle était apparue aux soldats mutinés.

Grâce à cette activité et à ses talents de tout genre, Sémiramis gouvernait en paix son empire, et elle pouvait, sans exagération, faire graver sur un monument élevé aux frontières de l'Asie et de l'Europe, cette orgueilleuse inscription :

« La nature m'a donné le corps « d'une femme, mais, par mes actions, « j'ai égalé les hommes les plus vail- « lants ; j'ai conservé l'empire de Ninus « et je l'ai même étendu; avant moi, « nul des Assyriens n'avait vu la mer, « je leur en ai fait connaître quatre. « J'ai détourné les fleuves pour arroser « des campagnes stériles, que j'ai ainsi « rendues fécondes; j'ai élevé des « forteresses inexpugnables; j'ai percé « avec le fer des routes à travers des « rochers impraticables; j'ai frayé à « mes chariots de guerre des chemins « que les bêtes féroces seules parcou- « raient; et, malgré tant de travaux, « j'ai encore trouvé du temps pour « mes plaisirs. »

Cependant Sémiramis, qui commençait à vieillir, fut informée que son fils Ninyas conspirait contre elle; elle vit dans ce fait la réalisation de l'oracle qui la menaçait. Loin de punir le conspirateur, elle abdiqua en sa faveur, c'est-à-dire lui remit le pouvoir, ordonna à tous les gouverneurs d'obéir au nouveau souverain, et disparut, changée, dit-on, en colombe. On lui éleva un temple, et elle fut adorée comme une déesse.

X

2. PREMIER EMPIRE D'ASSYRIE

Du XXe au VIIIe Siècle av. J.-C.

Puissance des Rois de Ninive; leur cruauté; décadence de leur Empire.
SARDANAPALE.
Première destruction de NINIVE.

L'histoire réelle des premiers temps de l'Assyrie ne ressemble guère à ces récits merveilleux. Non seulement Ninus, Sémiramis et Ninyas paraissent n'avoir jamais existé, mais ce vaste empire, si puissant, si brillant, ne s'est formé que bien lentement et par les efforts d'une longue suite de rois.

Ces rois, qui résidaient à Ninive, avaient sans cesse à lutter contre les Babyloniens, qui voulaient former un

Etat à part; ils avaient à se défendre aussi contre les grands conquérants égyptiens, les Thotmès, les Ramssès; leur vie se passait donc dans des guerres continuelles. Ce qui est triste à dire, c'est que ces princes assyriens. même ceux qui ont illustré leur nom par leur courage et par leur habileté militaire, ont souillé leurs victoires par des actes de barbarie épouvantables. S'ils s'emparaient d'une ville, tous les habitants étaient empalés ou écorchés vifs. L'un de ces rois écrivait sur une STÈLE (c'est-à-dire une pierre monumentale) élevée à la place d'une ville rasée par lui : « Sur les ruines, ma figure « s'épanouit; je trouve ma satisfac- « tion dans l'assouvissement de mon « courroux. »

Après plusieurs siècles de guerres sanglantes, l'Empire Assyrien s'étendait sur presque tout ce qui forme aujourd'hui la Turquie d'Asie et la Perse.

Mais les princes qui avaient réuni tant de provinces diverses sous leur domination, n'avaient rien su faire pour gagner l'affection de leurs sujets. Des révoltes éclataient sans cesse, et il était facile de prévoir que si les rois se relâchaient de leur activité, tout cet empire serait rapidement détruit.

Or, 800 ans environ avant notre ère, régnait à Ninive un prince du nom de SARDANAPALE; déjà les deux rois ses prédécesseurs avaient mené une vie oisive : retirés au fond de leur palais, ils se montraient rarement à la tête de leurs soldats. Mais Sardanapale les dépassa encore en mollesse et en nonchalance; il régnait depuis six ans et jamais encore ses troupes ne l'avaient vu, lorsqu'un jour ARBACE, chef des soldats mèdes appartenant à l'armée Assyrienne, eut occasion de pénétrer dans la demeure royale ; il y vit Sardanapale, couvert de vêtements de femme et tenant à la main un fuseau dont il se servait plus volontiers que d'une épée.

Arbace fut indigné; il jugea que sous un pareil prince il serait facile à la Médie de redevenir indépendante; il fit part de cette idée au chef des Babyloniens, qui se nommait BELESIS, et tous deux engagèrent à la révolte les autres gouverneurs des provinces soumises.

Une année se passa en préparatifs : au bout de ce temps, Arbace et Bélésis, à la tête d'une armée de 40,000 hommes, se mirent en rébellion ouverte.

Sardanapale, tiré de son inaction par le danger, montra plus de courage et d'énergie qu'on n'en aurait attendu de lui : il rassembla les troupes de l'Assyrie proprement dite, et battit les rebelles dans trois batailles successives. Les conjurés commençaient à désespérer du succès, lorsque Bélésis les engagea à persévérer cinq jours encore, leur disant que les dieux, dont il lisait la volonté dans les astres, leur promettaient la victoire à cette condition.

Cette ruse les retint, et quelques jours après, l'arrivée de nouvelles troupes fit changer la face des choses : Sardanapale, vaincu à son tour, s'enferma dans Ninive, bien résolu de s'y défendre jusqu'à la mort. Le siège dura deux ans, car les remparts défiaient toute attaque, et Sardanapale était plein de confiance, parce qu'un oracle consulté par lui avait répondu : « Que Ninive n'avait rien à craindre, à « moins que le Tigre ne devînt son « ennemi. »

Mais il arriva précisément qu'une crue subite du Tigre renversa une partie des fortifications et ouvrit ainsi une brèche, par laquelle les assiégeants pénétrèrent dans la ville. Cet accomplissement de l'oracle enleva tout espoir à Sardanapale ; il se vit perdu, et voulut du moins ne pas tomber vivant aux mains de ses ennemis : il fit allumer dans une cour de son palais un immense bûcher, sur lequel il plaça ses vêtements royaux et tous ses trésors ; puis il y mit le feu, et s'enfermant avec ses femmes et ses esclaves dans une chambre ménagée au milieu du bûcher, il disparut dans les flammes.

Ninive alors fut prise, et les rois d'Assyrie avaient excité par leur cruauté une telle haine, que les peuples, autrefois vaincus, maintenant vainqueurs à leur tour, se montrèrent impitoyables : ils renversèrent et brûlèrent tout, et de cette ville si magnifique il ne resta pas pierre sur pierre.

Telle fut la fin du Premier Empire d'Assyrie (900 ans av. J.-C.).

De ce Premier Empire d'Assyrie, il se forma trois royaumes, comme nous le verrons dans le Chapitre XII.

XI

3. PHÉNICIE : TYR ET CARTHAGE

De 1500 à 860, av. J.-C.

Activité des Phéniciens ; leurs découvertes ; leurs richesses acquises par le commerce. Fondation de nombreuses colonies.

Les puissants rois de Ninive et de Babylone n'avaient pu empêcher qu'il y eût en Asie quelques peuples indépendants ; ces peuples ne possédaient pas un grand territoire, et comme ils se sentaient trop faibles pour tenir tête à leurs redoutables voisins, ils consentaient assez volontiers à payer un tribut aux rois d'Assyrie ou aux rois d'Egypte ; mais ils n'entendaient pas se soumettre absolument, et ils se défendaient hardiment, si on venait les attaquer.

Parmi ces Etats secondaires, les plus importants étaient ceux des PHÉNICIENS, des MÈDES et des LYDIENS.

Les Phéniciens habitaient, sur les bords de la Méditerranée, une étroite région resserrée entre la chaîne du LIBAN et la mer; leur pays n'était pas très fertile, et ils n'avaient ni le goût de la guerre, ni les moyens de la faire avec succès. Ne pouvant s'enrichir ni par l'agriculture ni par les conquêtes, ils essayèrent de l'industrie et du commerce.

Adroits et intelligents, ils inventèrent, entre autres choses, la fabrication du verre. Une autre invention, moins utile, leur procura pourtant d'immenses trésors : ils surent fabriquer, avec des coquillages qu'ils trouvaient en abondance sur les rivages de la mer, une belle couleur rouge à laquelle on donna le nom de POURPRE, et dont l'éclat était si grand que l'usage s'établit de teindre en pourpre les vêtements des rois et des grands personnages. Cette coutume se répandant, on vint de toutes parts acheter la pourpre aux Phéniciens, qui, seuls, savaient la fabriquer, et ce fut là, pour eux, une source de richesses.

Mais les Phéniciens comprirent bien vite que si, au lieu d'attendre qu'on vînt leur acheter, ils allaient eux-mêmes porter dans les différents pays la pourpre et le verre, ils seraient sûrs de trouver nombre d'acheteurs. Ils virent aussi qu'ils pourraient, de chaque pays, rapporter quelque chose d'utile, l'acheter à bas prix dans la contrée qui le produisait, et le revendre fort cher aux peuples qui n'en possédaient pas. C'est ainsi qu'ils devinrent les marchands du monde entier, allant chercher l'étain jusque dans les îles aujourd'hui nommées ILES BRITANNIQUES, les parfums en ARABIE, l'or dans les montagnes de l'ALTAÏ, ou MONTS-D'OR, dans l'Asie centrale, etc., etc.

Pour cet immense commerce, il leur fallait des caravanes, ils en formèrent : des vaisseaux, ils en construisirent, et furent bientôt les meilleurs navigateurs comme les plus habiles marchands du monde. Chaque année, des centaines de navires, chargés des produits de l'Orient, quittaient les ports de SIDON et de TYR, villes principales de la Phénicie, et parcouraient la Méditerranée en tous sens, pour vendre et pour acheter.

Souvent, dans le cours de ces voyages, les navigateurs s'arrêtaient sur quelque point du rivage encore inhabité ; si le climat leur semblait beau, le sol fertile, ils l'examinaient avec soin, et de retour dans leur patrie, ils racontaient ce qu'ils avaient vu. Alors, il se trouvait toujours des hommes hardis et aventureux, qui proposaient d'aller s'établir sur cette côte hospitalière et d'y fonder ce qu'on appelle une COLONIE : ils partaient avec des outils, des armes; et bientôt une ville nouvelle s'élevait, où l'on conservait avec la langue de la Phénicie, ses arts et ses mœurs.

C'est ainsi qu'à l'époque où régnait Sardanapale, les côtes de l'Afrique, de l'Espagne, de l'Italie, étaient couvertes de colonies phéniciennes, industrieuses et commerçantes comme leur mère-patrie. De toutes ces villes, la plus célèbre fut CARTHAGE, située au nord de l'Afrique, et dont il ne reste plus que des ruines, à quelques kilomètres de la ville actuelle de TUNIS.

Les anciens racontaient ainsi la fondation de CARTHAGE : Un roi de Tyr, nommé PYGMALION, était avide et cruel; sa sœur DIDON avait été mariée avec un riche Tyrien nommé SICHÉE, dont les trésors tentèrent Pygmalion, et celui-ci, pour s'en emparer, fit périr Sichée. Dès que Didon apprit le crime et le nom du meurtrier, elle résolut de fuir et d'arracher à son frère les biens qui avaient causé la perte de son époux; elle prépara donc des vaisseaux sur lesquels elle fit transporter secrètement tout l'or et tout l'argent qu'elle put enlever sans exciter la défiance de Pygmalion. Comme elle avait fait part de son dessein à ceux qu'elle supposait las de sa tyrannie, elle réunit autour d'elle un grand nombre de soldats et de matelots; quand tout fut prêt, elle mit à la voile et réussit à échapper aux poursuites de Pygmalion.

Lorsque Didon débarqua sur le rivage d'Afrique avec ses compagnons, le roi du pays ne vit pas avec plaisir l'arrivée de ces étrangers. Didon eut recours à la ruse pour obtenir un territoire : elle pria le roi de lui accorder seulement l'étendue de terrain que pourrait enclore une peau de bœuf; le roi la lui céda sans défiance. Aussitôt, la princesse tyrienne fit découper cette peau de bœuf en lanières extrêmement minces qui, ajoutées bout à bout, formèrent une grande longueur, et elle réclama du roi tout le terrain qu'on pouvait entourer à l'aide de cette longue lanière; le roi n'osa pas revenir sur sa promesse, et c'est ainsi que fut acquise la terre où devait s'élever une nouvelle ville.

Quoi qu'il en soit de cette histoire, Carthage, fondée vers 860 avant Jésus-Christ, devint promptement riche et puissante, presque autant que Tyr elle-même. Comme les Phéniciens, les Carthaginois s'adonnèrent au commerce et à la navigation, et fondèrent de nombreuses colonies.

XII

4. DEUXIÈME EMPIRE D'ASSYRIE

MÉDIE — BABYLONE — NINIVE

De 759 à 625 av. J.-C.

Les SARGONIDES. — Alliance de Cyaxare et de Nabopolassar. — Invasion des SCYTHES. Seconde destruction de NINIVE : Fin du SECOND EMPIRE D'ASSYRIE.

Lorsque Ninive eut été détruite (voir page 58), Arbace devint roi de Médie, et Bélésis roi de Babylone ; quant aux Assyriens, ils furent d'abord soumis au roi de Babylone, mais ils ne tardèrent pas à rebâtir Ninive et à se rendre indépendants.

Il y eut donc trois royaumes formés par le démembrement du premier empire assyrien :

1° celui de Médie, gouverné par Arbace ;

2° Celui de Babylone, ou de Chaldée, gouverné par Bélésis ;

3° Celui de Ninive, ou d'Assyrie, dont les princes, loin d'imiter la mollesse de Sardanapale, se montrèrent énergiques et habiles.

Le plus célèbre d'entre eux, nommé SARGON, reprit Babylone et rendit à l'empire ses anciennes limites. Il fit élever à Ninive des monuments dont on a retrouvé des débris très intéressants. Malheureusement, les édifices construits par les Assyriens n'ont pu se conserver aussi bien que ceux d'Egypte, parce que dans la vallée du Tigre et de l'Euphrate, la roche manque presque complètement; toutes les constructions étaient faites en briques, et cette matière est loin d'avoir la solidité de la pierre.

Les descendants de Sargon, qu'on a désigné sous le nom de SARGONIDES, continuèrent son œuvre. Parmi eux se trouve SENNACHÉRIB, qui entreprit sans succès la conquête de l'Egypte contre le roi Séthos dont nous avons déjà parlé ; ASSARHADDON, son fils, accomplit cette conquête, envahit la Syrie, et fit prisonnier MANASSÈS, roi de Juda.

ASSOURBANIPAL, fils et successeur d'Assarhaddon, fut le dernier grand roi d'Assyrie ; il est vrai qu'il ne put conserver l'Egypte, mais, en Asie, il se fit obéir de tous les peuples que ses ancêtres avaient combattus : Mèdes, Syriens, Babyloniens. De plus, il acheva les monuments commencés par Sargon et en fit construire d'autres que, par ses ordres, on orna de sculptures habilement travaillées.

Mais la décadence arrivait, et elle fut rapide pour le Second Empire d'Assyrie, comme pour le Premier. Cette fois encore, le danger vint de la Médie et de Babylone.

Depuis la mort de Sardanapale, les Mèdes avaient vécu presque indépendants, mais en payant tribut aux Sargonides. Ce qui les obligeait à rester dans cet état d'infériorité, c'est qu'ils étaient très divisés ; comme le courage ne leur manquait pas, ils auraient été forts s'ils avaient formé un peuple uni. Ce fut précisément ce qui arriva en 625, époque de la mort d'Assourbanipal.

Les Mèdes avaient alors pour chef un homme actif, CYAXARE, qui, après avoir employé plusieurs années à les réunir, à les discipliner, se sentit en état d'agir. Il fit proposer au gouverneur de Babylone, NABOPOLASSAR, d'affranchir à la fois la Médie et la Chaldée, et l'on convint que Cyaxare marcherait avec une armée contre Ninive, en même temps que Nabopolassar se ferait proclamer roi à Babylone.

Tout s'exécuta comme il avait été dit,

et le roi de Ninive, pris entre ces deux ennemis, se trouvait en grand danger, lorsqu'un événement imprévu suspendit la guerre.

Des peuples barbares, qui vivaient dans le voisinage de la mer d'AZOV, vers les régions qui forment aujourd'hui la Russie méridionale, et qu'on appelait les SCYTHES, franchirent tout à coup le CAUCASE et vinrent ravager l'Asie. La Médie fut la première envahie, et Cyaxare, en apprenant cette nouvelle, se hâta d'abandonner le siège de Ninive pour revenir défendre son pays.

Malgré le courage des Mèdes, les Scythes furent vainqueurs, et pendant huit années ces hordes sauvages pillèrent et ravagèrent, sans rencontrer de résistance sérieuse. Leurs dévastations s'étendirent sur la Médie, l'Assyrie, l'Asie-Mineure, et s'ils épargnèrent l'Egypte, c'est que Psammétique, qui y régnait alors, les désarma par de riches présents.

Au bout de huit ans, les barbares s'étaient affaiblis ; leur nombre diminuait par leurs guerres continuelles, et Cyaxare jugea le moment venu de s'en défaire ; il invita le chef des Scythes et ses principaux officiers à un grand banquet, et, après les avoir enivrés, il les fit tous massacrer. Dès le lendemain, il se mit à la tête de ses soldats, qu'il avait secrètement rassemblés ; les Scythes, malgré la trahison qui les privait de leurs chefs, résistèrent bravement; mais après des guerres longues et sanglantes, ils furent chassés, et Cyaxare redevint maître de son royaume.

Il reprit aussitôt ses projets ambitieux et trouva Nabopolassar tout prêt à le seconder de nouveau. Cette fois, rien ne vint les arrêter dans leur entreprise; le dernier des Sargonides fut vaincu et tué, et Ninive fut définitivement détruite (625 ans av. J.-C.).

Cyaxare et Nobopolassar se partagèrent l'empire d'Assyrie, celui-là comme roi de Médie, celui-ci comme roi de Babylone; et leur alliance, continuée par leurs fils, donna à cette partie du monde une paix qui dura un demi-siècle.

Babylone redevint, par la destruction de Ninive, la Capitale d'un grand Empire, qui prit le nom d'EMPIRE BABYLONIEN ou CHALDÉEN, sous le règne de NABUCHODONOSOR.

XIII

5. L'EMPIRE CHALDÉEN

625-538 av. J.-C.

Règne de NABUCHODONOSOR. — Décadence de l'EMPIRE CHALDÉEN.

NABUCHODONOSOR, fils et successeur de Nabopolassar, fut un grand conquérant. Dès le début de son règne, il vainquit Néko, roi d'Egypte, qui cherchait à s'emparer de la Syrie, et il acheva la soumission de cette province en emmenant en captivité les habitants du petit royaume de JUDA, qui se révoltait sans cesse ; il prit et pilla JÉRUSALEM, brûla le temple autrefois bâti par Salomon, et emporta tous les objets précieux qui s'y trouvaient réunis; on remarquait dans ce butin un grand nombre de vases sacrés d'or et d'argent, qui augmentèrent le trésor du roi Nabuchodonosor. Ces succès l'encouragèrent à tenter une entreprise où plusieurs rois d'Assyrie avaient échoué : il vint assiéger Tyr. Le siège fut long et meurtrier ; mais enfin les Tyriens succombèrent : après treize mois de souffrances, ils ouvrirent leurs portes, et Nabuchodonosor les emmena en esclavage, comme il avait fait pour les Juifs.

Depuis ce moment, le roi de Babylone n'eut plus de guerres à soutenir : la crainte maintenait dans l'obéissance tous les peuples vaincus. Ses conquêtes avaient mis en son pouvoir des richesses immenses et d'innombrables captifs : il employa les uns et les autres à de grands travaux d'embellissement et d'utilité publique, qui firent de Babylone la plus célèbre ville du monde.

Pourtant Nabuchodonosor sentait lui-même qu'il n'avait pas fondé un empire durable. Les Babyloniens n'étaient pas, comme les Ninivites, un peuple guerrier : sous la main puissante du fils de Nabopolassar, ils avaient bien pu réaliser de grandes conquêtes, mais il n'était pas dans leur caractère de continuer longtemps un tel effort. On prétend que Nabuchodonosor, à son lit de mort, annonça la ruine de son empire et de sa famille.

Il ne se trompait pas dans ses prévisions : ses enfants furent assassinés et remplacés par un officier qui prit le titre de roi. Sous le règne même de ce prince, nommé NABONAHID, et que l'on croit être le BALTHASAR de l'Histoire Sainte, une guerre éclata entre Cyrus et lui, et l'empire CHALDÉEN fut détruit, en 538 av. J.-C., comme l'avait été celui d'Assyrie, en 625.

XIV

ROYAUME DE LYDIE

6. CRÉSUS

562 av. J.-C.

Gygès. — Crésus ; ses richesses ; visite de Solon. ambassade d'Esope.

Il existait en Asie-Mineure, depuis les temps les plus reculés, un petit royaume appelé la Lydie et dont la capitale était Sardes. L'histoire des anciens rois de Lydie est tellement mêlée de fables, qu'il est à peu près impossible de savoir la vérité à leur sujet ; ainsi, l'on racontait que l'un d'eux, nommé Gygès, avait une bague qui le rendait invisible, lorsqu'il la tournait de manière à cacher dans l'intérieur de la main la pierre dont elle était ornée. C'est même grâce à cette bague merveilleuse que, simple berger, il avait pu s'élever au trône, en se défaisant de CANDAULE, qui l'occupait avant lui.

De tels contes sont absolument incroyables, et le seul roi de ce pays dont l'histoire soit à la fois intéressante et bien connue, fut le dernier de tous, CRÉSUS.

Crésus était extrêmement riche, grâce à l'industrie de ses sujets, qui fabriquaient des tapis renommés, et grâce surtout aux métaux précieux que renfermait le sol de la Lydie ; on avait trouvé, non loin de Sardes, une mine d'or, et le PACTOLE, fleuve qui arrose la Lydie, roulait dans ses eaux des paillettes de ce métal. Aussi Crésus fut-il le premier qui fit frapper de la monnaie d'or, et avait-il partout une grande réputation de luxe et d'opulence ; si bien qu'aujourd'hui encore, nous disons « riche comme Crésus ».

Crésus avait le défaut d'être très vain de ses richesses; il les estimait au-dessus de tout, quoiqu'il fût plus intelligent que la plupart des princes de son temps. Si l'on en croit la légende, il s'attira même, par cette faiblesse, une leçon d'un sage voyageur grec.

Cet étranger, qui se nommait SOLON et qui avait donné de bonnes lois aux Athéniens, ses compatriotes, voyageait alors pour étudier les mœurs des divers pays. Comme Crésus, qui du reste l'avait fort bien reçu, lui montrait ses trésors et lui demandait s'il était au monde un homme plus heureux que lui, Solon lui répondit qu'un Athénien nommé TELLUS, lui paraissait l'homme le plus heureux qui eût jamais existé. « Qui est donc ce Tellus ? » demanda Crésus. « Un simple citoyen d'Athènes », lui répondit Solon : « il avait « employé toute sa jeunesse à faire du « bien, aidant les pauvres, consolant

« les affligés, ne donnant que de bons « exemples et de sages conseils ; il « vécut dans une honnête médiocrité ; « et, parvenu à la vieillesse, après avoir « eu la satisfaction de voir grandir ses « enfants et ses petits-enfants, il mou- « rut glorieusement en combattant « pour sa patrie. »

Le roi ne trouvait pas cette existence bien digne d'envie, et il demanda au sage si, du moins après Tellus, il ne pouvait pas se regarder comme le plus heureux des hommes : Solon alors lui raconta une autre histoire, toujours dans le but de lui faire comprendre qu'une vie modeste et paisible assure le bonheur mieux que les richesses et la puissance ; mais comme il vit que Crésus ne paraissait pas disposé à se laisser convaincre, il lui dit : « O roi « de Lydie, nul ne sait ce que l'avenir « lui réserve ; on ne peut dire d'un « homme qu'il a été pleinement heu-

« reux tant que son dernier jour n'est « pas arrivé. » Et il le quitta pour continuer ses voyages.

Crésus, cependant, se croyait à l'abri de tout revers ; non content d'être le plus riche des rois de son temps, il voulut aussi posséder un vaste empire, et il réussit en peu de temps à soumettre presque toute l'Asie-Mineure ; il faut dire d'ailleurs que les peuples voisins ne lui opposèrent en général qu'une faible résistance.

Dans le cours de ces guerres, il conquit l'île de SAMOS, dans l'ARCHIPEL ; bientôt après, ayant appris que les Samiens tentaient de redevenir libres, il se montra fort irrité contre eux, et annonça hautement son intention de détruire leur ville en punition de cette révolte. Aussitôt les Samiens lui envoyèrent pour l'apaiser un ambassadeur nommé ESOPE.

Lorsque cet ambassadeur parut pour

la première fois devant Crésus, celui-ci crut d'abord que les Samiens avaient voulu lui faire une nouvelle injure, et qu'ils lui adressaient un tel messager par dérision. Esope, en effet, était laid et difforme ; sa tête énorme, ses épaules inégales, ses jambes torses, lui donnaient un aspect ridicule, et le riche costume dont il s'était revêtu en cette occasion, faisait ressortir ses imperfection plutôt qu'il ne les cachait.

Esope comprit bien quelle était la secrète pensée du roi ; mais, sans se laisser troubler, il se prosterna devant lui, selon l'usage des peuples de l'Asie, puis, s'étant relevé, il lui parla ainsi :

« Un homme qui s'amusait à prendre des sauterelles dans son champ, trouva par hasard une cigale ; il allait la tuer comme il avait fait des sauterelles, lorqu'elle lui dit : « Pourquoi voulez vous me tuer ? Quel mal vous ai-« je fait ? je ne mange point votre blé

« et je chante, du matin au soir, sans « nuire à personne.

« Grand roi, vous êtes l'homme aux « sauterelles, et moi je suis semblable « à la chétive cigale ; je n'ai d'autre « arme que ma voix, et je me garde- « rais bien de m'en servir pour vous « offenser ».

Ce discours plut beaucoup à Crésus, car les Orientaux ont toujours aimé les fables ingénieuses. Esope le voyant bien disposé, continua son ambassade en lui racontant un autre apologue ; mais tandis que le premier avait seulement pour but d'intéresser le roi à la personne d'Esope, le second sauva les Samiens.

« Autrefois, dit le conteur, les loups « et les brebis, lassés de se faire la « guerre, jurèrent une alliance éter- « nelle ; comme garantie de cette paix, « les brebis donnèrent en otages leurs « chiens, et les loups leurs louveteaux ;

« mais à peine l'année s'était-elle « écoulée, que les loups perfides égor- « gèrent les chiens, pendant que les « louveteaux, devenus grands et forts, « se jetaient sur les brebis. Celles-ci, « privées de leurs défenseurs, furent « massacrées et dévorées.

« C'est vous, ô puissant roi, qui êtes « le loup ; et moi je suis le chien fidèle « qui viens défendre le peuple de Sa- « mos ; voudriez-vous user de votre « pouvoir pour détruire ce peuple, « maintenant que son défenseur est « entre vos mains ? ».

Crésus était généreux, malgré ses défauts ; il fut touché de cette prière autant que charmé de l'esprit d'Esope, et en sa faveur il pardonna aux Samiens. Il le combla même de présents, et Esope lui raconta bien d'autres fables, car il en avait composé un grand nombre.

Malheureusement les sages conversations d'Esope, pas plus que les avis de Solon, ne purent guérir Crésus de son orgueil et de son imprudence : il se crut invincible parce qu'il avait réussi dans ses premières entreprises, et il se perdit par trop de présomption, comme nous le verrons dans l'histoire de Cyrus.

XV

1. EMPIRE PERSE

CYRUS

599-529 av. J.-C.

1° LA JEUNESSE DE CYRUS

Règne d'ASTYAGE en MÉDIE. — MANDANE; CAMBYSE; enfance de CYRUS. — HARPAGE. Fin du royaume de MÉDIE.

Cyaxare, l'ami et l'allié de Nabopolassar, avait en mourant laissé le trône de Médie à son fils ASTYAGE. Celui-ci vécut à ECBATANE, capitale de son royaume, et n'eut pas de guerre à soutenir. Ce fut même ce qui causa sa ruine; car une paix non interrompue pendant un règne de trente cinq ans, fit perdre aux Mèdes les talents militaires qu'ils avaient montrés pendant leurs luttes contre les Scythes et les

Assyriens, de sorte qu'ils n'étaient plus capables de résister à une agression.

Le danger, toutefois, vint de la famille même d'Astyage, et voici comment un grand historien grec, HÉRODOTE, raconte les faits :

Astyage avait marié sa fille, MANDANE, à CAMBYSE, chef des Perses, l'un de ses tributaires. Peu de temps après, inquiet d'un songe qu'il avait fait, il envoya consulter un oracle, et l'oracle répondit que Mandane aurait bientôt un fils, et que ce fils régnerait un jour en Médie.

Astyage craignit de se voir détrôné par son petit-fils ; il le fit saisir dès le jour de sa naissance, et ordonna à un seigneur de sa cour, nommé HARPAGE, de le tuer sur le champ.

Harpage, ne voulant pas se souiller d'un crime, donna l'enfant à l'un de ses bouviers, en lui disant de l'exposer dans une forêt déserte, afin qu'il y trouvât la mort ; mais le pâtre n'obéit pas, et il éleva l'enfant en le faisant passer pour son propre fils.

Quelques années s'écoulèrent sans que la ruse fut découverte. Un jour les enfants du village jouaient entre eux : ils donnèrent le titre de roi au prétendu fils du bouvier, qui se faisait remarquer par sa hardiesse et sa vivacité ; il fut convenu que tous lui obéiraient comme à un véritable souverain ; cependant l'un des enfants, fils d'un haut personnage, osa désobéir, et en punition de cette indocilité, le petit roi le fit battre de verges par ses compagnons.

Rentré chez ses parents, l'enfant ainsi maltraité se plaignit amèrement, et son père alla demander justice au roi Astyage lui-même, qui se fit aussitôt amener le bouvier et son fils. Leurs réponses le mirent sur la voie de la vérité, et Harpage pressé de questions avoua tout.

Astyage consulta ses prêtres ou MAGES, qui lui assurèrent que son petit-fils ayant porté le titre de roi en jouant, l'oracle était accompli, et qu'il n'avait plus rien à craindre. Il garda donc le jeune prince à sa cour, lui donna le nom de Cyrus, ou seigneur, et lui fit rendre les honneurs dus à sa naissance.

Mais, quoique tout eût tourné à sa satisfaction, Astyage ne pouvait pardonner à Harpage d'avoir enfreint ses ordres. Au lieu de lui témoigner son mécontentement, il se vengea par une atroce perfidie.

Le jour même, il dit à Harpage : « Envoie-moi ici ton fils unique pour « tenir compagnie à mon petit-fils qui « est à peu-près de son âge. » Harpage obéit, mais quand son fils arriva au palais, on le tua par ordre d'Astyage, on fit cuire son corps dépecé, et l'on servit ce plat au malheureux père. L'orsque le roi lui apprit quel horrible mets il venait de manger, il feignit de n'éprouver aucun ressentiment et répondit que tout ce que le roi faisait lui était agréable.

Harpage cependant méditait, lui aussi, sa vengeance ; mais il eut la patience d'attendre plusieurs années. Lorqu'il vit Cyrus devenu chef des Perses par la mort de son père, lorsqu'il fut sûr que le jeune prince, brave et ambitieux, brûlait du désir de s'affranchir de la domination mède, il lui fit porter des messages secrets, et lui raconta comment autrefois lui, Cyrus, avait failli périr par l'ordre d'Astyage. sans autres motifs qu'un vain songe ; il lui fit savoir aussi que les Mèdes étaient amollis par quarante années de paix, et, de plus, que la plupart d'entre eux étaient las du gouvernement d'Astyage : celui-ci, en effet, s'était toujours montré faux et cruel.

Il n'en fallait pas davantage pour décider Cyrus à prendre les armes : il réunit les Perses, qui lui formèrent une armée peu nombreuse, mais vaillante et aguerrie, et il envahit la Médie. La lutte ne fut pas longue : Astyage vaincu près d'Ecbatane, abandonna la couronne, et Cyrus se trouva roi des Perses et des Mèdes.

Nous devons dire que, contrairement au récit d'Hérodote, un autre historien grec, Xénophon, qui vivait environ 40 ans après lui, raconte que Cyrus fut élevé avec le plus grand soin à la Cour d'Astyage, dont le royaume passa à CYAXARE II, son fils, et que, celui-ci étant mort peu après sans laisser d'enfants, Cyrus, en sa qualité de neveu, hérita naturellement de la Médie, qu'il joignit à la Perse.

XVI

2. EMPIRE PERSE

CYRUS (*suite*)

2° LES CONQUÊTES DE CYRUS

548-529 av. J.-C.

Bataille de Thymbrée (548) ; conquête de la Lydie.
Siège et prise de Babylone (538).
Mort de Cyrus (529).

En apprenant la destruction du royaume de Médie, Crésus se sentit menacé : en effet, il était évident que Cyrus, jeune, actif, ambitieux, voudrait étendre son empire, et s'attaquerait bientôt à la Lydie, qui n'était séparée de ses Etats que par le petit fleuve de l'Halys.

Crésus, malgré son orgueil habituel, crut d'abord prudent de s'assurer des alliés, et il en trouva facilement :

Amasis, roi d'Egypte, et Nabonahid, roi de Babylone, promirent de se joindre à lui, parce qu'ils étaient, comme lui, inquiets du voisinage des Perses. S'il avait su attendre que ses alliés fussent prêts, il aurait sans doute obtenu l'avantage, mais son impatience et sa présomption perdirent tout.

Il s'était adressé à l'oracle de DELPHES, alors le plus fameux de la Grèce, et en avait reçu cette réponse ambiguë : « Si Crésus passe l'Halys, il dé« truira un grand empire ; » ce qui pouvait s'entendre de l'empire des Perses ou de celui des Lydiens ; mais Crésus interpréta ces paroles dans leur sens favorable, et, sans attendre rien de plus, il envahit la Médie.

Cyrus, attaqué à l'improviste, réunit à la hâte une armée et vint livrer bataille aux Lydiens ; la bataille fut indécise, c'est-à-dire qu'après un combat assez long, aucune des deux armées n'avait pu mettre l'autre en fuite. Le lendemain, Crésus, voyant que les Perses ne bougeaient plus, crut qu'ils s'avouaient vaincus ; comme il n'avait pas assez de troupes pour tenter la conquête du pays, il rentra en Lydie et renvoya ses soldats, en faisant dire à ses alliés d'Egypte et d'Assyrie de se tenir prêts pour le printemps suivant.

Le roi de Lydie comptait que les Perses n'oseraient pas le suivre, et passeraient l'hiver sur la frontière. Il se trompait : Cyrus comprit qu'il avait tout intérêt à ne pas attendre que les Assyriens et les Egyptiens se fussent joints aux Lydiens ; il franchit l'Halys et marcha droit sur Sardes.

Crésus, surpris à son tour, rassembla quelques troupes et essaya d'arrêter la marche de l'ennemi ; mais il fut vaincu à la bataille de THYMBRÉE, l'une des plus considérables dont l'histoire fasse mention, et contraint de se réfugier dans Sardes, d'où il envoya message sur message à ses alliés, afin de hâter leur venue.

Sardes était bien défendue ; de plus sa situation sur un rocher escarpé semblait la rendre imprenable; un accident la fit tomber aux mains de l'ennemi : un jour, un des Lydiens de la garnison laissa tomber son casque du haut de la citadelle ; il descendit pour le ramasser et remonta par le même chemin ; mais un soldat perse, l'ayant aperçu, le suivit avec une poignée d'hommes résolus, et s'empara de la ville.

Lorsque Cyrus tint le roi de Lydie en son pouvoir, on dit qu'il le condamna tout d'abord à être brûlé vif ; le bûcher était déjà préparé, et l'on y attachait Crésus, lorsque celui-ci, se souvenant des sages avertissements de Solon, s'écria tristement : « Solon, « Solon, vous me l'aviez bien dit ! » Cyrus n'était pas loin de là ; il entendit cette exclamation et voulut savoir ce qu'elle signifiait ; par son ordre on délia Crésus et on l'amena devant le vainqueur à qui il raconta son histoire. Cyrus, ému de compassion, révoqua l'ordre cruel qu'il avait donné, laissa à Crésus et la vie et la liberté, mais il réunit son royaume à l'Empire Perse.

Lorsque Crésus irrité fit reprocher aux prêtres de Delphes d'avoir causé sa perte, ceux-ci répondirent : « Le « dieu avait dit vrai, mais Crésus n'a « pas su le comprendre : en passant « l'Halys, il a effectivement détruit un « grand empire, mais c'est le sien ».

Ainsi, presque toujours, les oracles étaient rendus en termes équivoques, c'est-à-dire formulés de manière à pouvoir être expliqués dans deux sens différents.

Après avoir conquis la Lydie, Cyrus se tourna contre les Babyloniens ; lors même que son insatiable ambition ne l'eût pas poussé à s'emparer de l'Empire Chaldéen, il en voulait au roi de Babylone, qui avait fait alliance contre lui avec Crésus.

Il entra donc en Chaldée, et, vainqueur dans plusieurs combats, vint assiéger Babylone elle-même, que défendait Balthazar, ou Nabonahid. (Voir Chap. XIII).

Le siège fut long, car les Babyloniens, qui depuis longtemps s'attendaient à la guerre, avaient fait de grands préparatifs de défense; les murs étaient réparés, la ville bien fournie de vivres et d'armes. Cyrus réussit cependant à s'en emparer : il fit creuser des canaux, par lesquels s'écoulèrent les eaux de l'Euphrate, fleuve qui traverse Babylone; lorsque le lit du fleuve fut à sec, les Perses s'y engagérent et pénétrèrent par là dans l'intérieur de la ville.

Si les Babyloniens avaient veillé

soigneusement, ils auraient pu déjouer cette manœuvre; mais Cyrus eut soin de choisir, pour l'exécution de son dessein, une nuit où il savait que les Babyloniens célébraient une fête. Tous les assiégés et le roi Balthazar lui-même, confiants dans la force de leurs murailles, se livraient aux plaisirs; ils furent surpris au milieu de l'ivresse et périrent massacrés; 538 av. J.-C.

Tous les peuples soumis à l'empire Chaldéen reconnurent Cyrus pour roi, sans aucune résistance; les Israélites saluèrent même avec joie l'avènement de ce prince, dans lequel ils voyaient le libérateur annoncé par les prophètes. Aussi Cyrus leur permit-il de retourner dans leur pays et de rebâtir le temple de Jérusalem. La Captivité de Babylone avait duré 70 ans.

Pour la première fois, tous les peuples de l'Asie occidentale se trouvaient réunis sous une même domination. Le grand conquérant rêvait d'ajouter encore l'Egypte à son vaste empire ; mais il mourut avant d'avoir pu réaliser ce dessein.

Sa mort est aussi diversement racontée que son enfance : selon Hérodote, il fut vaincu et mis à mort par THOMYRIS, reine d'une peuplade Scythe, dont il avait tué le fils dans une expédition contre la Scythie; suivant Xénophon, il mourut paisiblement dans sa capitale, entouré de ses enfants, et en leur donnant les plus sages conseils.

XVII

EMPIRE PERSE

3. CAMBYSE

530-523 av. J.-C.

Conquête de l'Égypte. — Expédition contre l'Oasis d'Ammon et contre l'Ethiopie.
Folie furieuse de Cambyse. — Sa mort.

Cyrus, en mourant, avait laissé deux fils dont l'aîné se nommait Cambyse et le plus jeune Smerdis. Pour prévenir les querelles qu'il prévoyait entre ses enfants, Cyrus avait désigné Cambyse comme son successeur au trône, et donné à Smerdis le gouvernement de quelques provinces. Cependant cette faible part sembla encore trop grande au nouveau roi ; à peine eut-il obtenu le pouvoir qu'il fit mettre son frère à mort ; ce crime fut exécuté par un officier nommé PREXASPE, mais on garda le secret, et tant que vécut Cambyse, tout le monde ignora la mort du jeune prince.

Non content du vaste empire qu'il possédait, Cambyse voulut réaliser les projets de son père et conquérir l'Egypte. Il saisit donc le premier prétexte qui se présenta, et se dirigea vers l'Afrique. L'obstacle le plus difficile à surmonter pour cette expédition, c'était l'existence, entre la Syrie et l'Egypte, de déserts sablonneux et brûlants qu'on ne pouvait traverser en moins de trois jours de marche.

Cambyse sut éviter les dangers que présentait cette traversée du désert; il fit alliance avec un prince arabe, qui s'engagea à fournir de l'eau à l'armée perse, et qui, en effet, fit apporter sur des chameaux une grande quantité d'outres remplies d'eau ; grâce à ce secours, les Perses purent franchir le désert sans trop de souffrances et arrivèrent en Egypte. Là, ils apprirent qu'Amasis était mort, et que son fils, Psammétique III, se préparait à défendre son royaume.

La bataille eut lieu près d'AVARIS ou Péluse, autrefois fondée par les Hyksos. Un historien ancien a raconté que les Perses usèrent d'un stratagème pour s'assurer la victoire : ils placèrent en avant de leurs rangs des chiens, des chats, et autres animaux adorés par les Egyptiens ; ceux-ci n'osèrent d'abord se servir de leurs armes, de peur de blesser quelqu'un de leurs dieux ; les Perses profitèrent de cette hésitation, et gagnèrent la bataille.

Ces détails ne sont peut-être pas bien exacts ; mais ce qui est bien certain, c'est qu'une seule bataille suffit pour soumettre toute l'Egypte.

Cambyse se montra d'abord assez

doux envers les vaincus; Psammétique étant tombé en son pouvoir, il le traita avec humanité et se contenta de le retenir prisonnier ; mais quelque temps après, il apprit que les amis de l'ancien roi conspiraient pour le remettre sur le trône, et il le fit tuer, pour se défaire d'un rival dangereux.

A part cet acte de cruauté, qui d'ailleurs ne surprit personne (car à cette époque il était bien rare qu'on épargnât un ennemi vaincu), Cambyse continua de se montrer modéré : il comprenait bien que s'il voulait s'éviter des révoltes parmi ses nouveaux sujets, il fallait se les attacher en respectant leurs usages. Aussi prit-il le costume royal des anciens Pharaons ; de plus, il répara à ses frais les dommages causés par ses soldats dans un temple, et se fit même initier aux mystères du culte d'Osiris. Cette sagesse lui concilia l'affection des Egyptiens, et il se vit bientôt tranquille possesseur de tout le pays.

Malheureusement ce premier succès inspira à Cambyse une ambition démesurée : il crut pouvoir conquérir toute l'Afrique comme il avait conquis l'Egypte.

Carthage, à l'ouest, et l'Ethiopie, au sud, excitaient sa cupidité : les richesses des Carthaginois, acquises par le travail, étaient réelles ; car, depuis la fondation de leur ville par Didon, les habitants de Carthage, au lieu de chercher à faire des conquêtes par la guerre, s'étaient appliqués uniquement au commerce et en avaient tiré des profits considérables. Quant aux Ethiopiens, on les connaissait fort peu, et l'on racontait sur leur pays des merveilles que Cambyse crut vraies, quoiqu'elles fussent tout-à-fait incroyables : on disait, par exemple, qu'en Ethiopie se trouvait une fontaine dont l'eau assurait à tous ceux qui en buvaient une jeunesse perpétuelle ; que non loin de la capitale, était une prairie sans cesse couverte de boissons et de mets tout préparés, qui se renouvelaient d'eux-mêmes, à mesure qu'on les mangeait ; enfin que l'or était si commun dans ce pays, qu'on l'employait aux usages les plus vils, même à enchaîner les prisonniers.

Cambyse voulut entreprendre les deux guerres à la fois : il donna l'ordre à sa flotte d'aller attaquer Carthage par mer, il envoya un corps d'armée pour l'attaquer par terre, en passant par l'Oasis d'Ammon, et, en même temps, il chargea des messagers de se rendre en Ethiopie, sous prétexte de porter des présents au roi, mais en réalité pour examiner le pays.

Les mesures semblaient bien prises, et cependant Cambyse échoua partout ; les marins qui composaient sa flotte, et qui étaient tous phéniciens, refusèrent de le servir contre Carthage, colonie phénicienne ; quant à l'armée de terre, elle ne put même pas arriver jusqu'à l'oasis d'Ammon ; elle périt tout entière, ensevelie sous les sables mouvants du désert.

Restait l'Ethiopie, où Cambyse avait envoyé des espions ; le prince Ethiopien comprit fort bien le but réel de leur mission ; il accepta les présents, et en échange il leur remit un arc très grand et très dur : « Portez cet arc « au roi de Perse, » leur dit-il ; « je lui « conseille de ne venir nous faire la « guerre que quand il pourra se servir « de cette arme aussi facilement que « nous. »

Lorsque les messagers rapportèrent cette réponse à Cambyse, il fut transporté de colère, et rassemblant à la hâte une armée, il se dirigea aussitôt vers l'Ethiopie, sans prendre le temps ni d'étudier les routes ni de préparer des approvisionnements.

Cette imprévoyance fut cruellement punie : sur le chemin qu'il suivit, on trouve sans doute quelques puits de distance en distance, mais cette ressource, suffisante pour une caravane, est bien loin de l'être pour une armée. Les malheureux soldats, égarés au milieu d'une immense plaine de sable, sans eau, sans arbres, sans fourrages pour leurs chevaux, sans provisions de vivres, furent bientôt réduits à la plus affreuse disette, et en vinrent à se dévorer les uns les autres. Il fallut enfin que Cambyse se décidât à revenir sur ses pas, ayant perdu la plus grande partie de son armée.

Ces désastres renouvelés exaspérèrent Cambyse et troublèrent sa raison : ses actions, pendant les quinze mois qu'il vécut encore, furent celles d'un fou furieux.

En rentrant à Memphis, il trouva le peuple en joie : on célébrait la fête du dieu Apis ; Cambyse s'imagina qu'on se réjouissait de ses revers, et se précipitant sur le bœuf sacré, il le tua d'un coup d'épée ; puis il condamna à mort, sans vouloir entendre leurs explications, les magistrats de Memphis. Il fit alors peser sur les Egyptiens une tyrannie épouvantable, défendit les cérémonies du culte, et empêcha même de rendre aux morts les derniers honneurs, ce qui était aux yeux des Egyptiens le comble de l'impiété.

Les Perses eux-mêmes n'étaient pas plus épargnés : un jour il fit enterrer vifs douze officiers de sa cour ; un autre jour, il demanda à Prexaspe (celui-là même qui par son ordre avait tué Smerdis), ce que les Perses pensaient de lui : « Maître, » répondit Prexaspe, « ils célèbrent tes louanges, « mais ils croient que tu as un peu

« trop de penchant pour le vin. — « Crois-tu donc, » dit Cambyse en colère, « que le vin me fasse perdre la « raison? je vais te prouver le con- « traire. » En parlant ainsi, il saisit son arc et vise au cœur le fils de Prexaspe, qui se trouvait à quelque distance : l'enfant tombe mort, et le roi dit à Prexaspe : « Eh bien ! mon coup « d'œil est-il juste, ma main est-elle « sûre ? » Et le courtisan eut la lâcheté de répondre : « Un dieu lui-même n'au- « rait pas visé plus juste. »

Pendant que Cambyse couvrait ainsi l'Egypte de sang, il apprit qu'une révolte avait éclaté en Perse, et qu'on avait proclamé roi un homme qui se disait Smerdis. Il partit aussitôt pour aller réprimer ce soulèvement ; mais pendant le voyage il se blessa avec son épée, en montant à cheval, et mourut peu de jours après ; sa mort fut une délivrance pour son royaume. Les

Egyptiens surtout s'en montrèrent heureux, et comme l'épée qui venait de blesser mortellement Cambyse était la même dont il avait frappé le bœuf Apis, ils virent tous dans cette mort un châtiment céleste du sacrilège qui les avait si fort indignés.

XVIII

EMPIRE PERSE

4. LE FAUX SMERDIS

522 av. J.-C.

Usurpation d'un Mage.
Soupçons d'OTANÈS ; conjuration contre l'usurpateur.
Révélation de Prexaspe.
Mort du faux Smerdis.

Cambyse, en partant pour l'Egypte, avait laissé l'administration de son palais et de la ville royale à un Mage nommé PATISITHÈS ; celui-ci avait un frère, Mage comme lui, qui ressemblait étonnamment à Smerdis, frère de Cambyse.

Ces deux seigneurs furent d'abord fidèles à leur maître ; mais lorsque les folles cruautés de Cambyse eurent excité contre lui l'indignation générale, Patisithès, qui avait su la mort de Smerdis, quoiqu'on cherchât à la tenir secrète, eut l'idée de faire passer son propre frère pour le prince assassiné, et il y réussit : la plupart des gouverneurs de province saisirent avec joie cette occasion de changer de maître, et lorsque Cambyse eut péri, tout l'empire perse obéit au faux Smerdis.

Cependant Cambyse, avant de mourir, avait révélé aux officiers qui l'entouraient le meurtre du véritable Smerdis, et leur avait dit que celui qui prenait son nom était assurément un imposteur. Ils crurent d'abord que c'était une ruse pour les empêcher de se soumettre au nouveau roi, et ils n'en tinrent pas compte ; mais il resta des doutes dans leur esprit, et bientôt un fait certain vint confirmer ces doutes.

Un des principaux seigneurs Perses, nommé OTANÈS, savait que le frère de

Patisithès avait eu autrefois les oreilles coupées, par ordre de Cambyse, mais il semblait impossible de s'assurer si le roi avait encore ses oreilles, parce que les monarques orientaux portaient toujours en public une coiffure élevée, nommée TIARE, qui leur cachait une partie de la tête. Or, la fille d'Otanès était une des femmes du roi; prévenue par son père de l'importance qu'il attachait à cette circonstance, elle lui révéla qu'en effet le prétendu Smerdis n'avait plus d'oreilles.

Otanès, sûr désormais de la fourberie qu'il soupçonnait, en avertit six autres seigneurs, qui formèrent un complot contre la vie de l'imposteur. Ils hésitaient cependant, craignant que le peuple ne fût pas facile à détromper et ne voulût défendre celui qui passait pour Smerdis, lorsqu'un événement bien imprévu leur ôta toute inquiétude à cet égard.

Prexaspe, qui avait autrefois assassiné Smerdis, ne pouvait se pardonner de laisser un usurpateur jouir du pouvoir royal ; tel était alors le dévouement des Perses pour leurs rois, que cet homme avait, sans éprouver le moindre remords, commis un meurtre pour obéir aux ordres de son maître, et qu'il regardait comme un crime abominable de laisser un fourbe souiller la majesté du trône. Il résolut enfin de mettre un terme à cette situation : il monta un jour sur une tour élevée, et, de là, appelant à haute voix tous les passants, il les vit bientôt accourir en grand nombre.

Aussitôt il déclara qu'il avait lui-même, par l'ordre de Cambyse, égorgé le véritable Smerdis, et qu'ainsi celui qui prenait ce nom trompait la crédulité publique. En achevant ces mots, il se précipita du haut de la tour et se tua sur le coup.

Cet aveu excita dans le peuple une si vive indignation, que les conjurés jugèrent le moment venu d'exécuter leur projet : ils pénétrèrent dans le palais et massacrèrent le faux Smerdis ainsi que son frère Patisithès. Dans leur fureur d'avoir été trompés, ils égorgèrent même tous les Mages qu'ils purent atteindre.

XIX

EMPIRE PERSE

5. DARIUS I, FILS D'HYSTASPE

522-490 av. J.-C.

Administration de Darius : Ses expéditions en Thrace, en Scythie et dans l'Inde.

Parmi les seigneurs qui s'étaient joints à Otanès pour détrôner et tuer le faux Smerdis, il s'en trouvait un, nommé Darius, fils d'Hystaspe, qui s'était fait remarquer par son courage et par son activité. Aussitôt après la mort de l'usurpateur, Darius obtint la couronne, soit grâce au stratagème de son écuyer, soit parce qu'il appartenait à la famille royale. On croit reconnaître en lui l'Assuérus de l'Histoire sainte.

Pourtant les premières années de son

règne furent troublées par de nombreux soulèvements des peuples vaincus; après avoir reconquis Babylone par l'artifice de Zopyre, et rétabli l'ordre dans ses états, il entreprit d'organiser le gouvernement de telle sorte que les révoltes devinssent difficiles.

Il commença par choisir des officiers qu'on appela des Satrapes, et à chacun desquels il donna la charge de gouverner et de surveiller une province ou Satrapie; ces Satrapes n'étaient pas nommés pour un temps déterminé : ils conservaient leurs fonctions aussi longtemps que leur administration plaisait au roi, et ils pouvaient être destitués, mis à mort même, sur un simple soupçon : si une révolte éclatait dans la province, on s'en prenait d'abord au satrape, qui avait ainsi tout intérêt à surveiller soigneusement les populations et à éviter toute occasion de trouble.

De plus, pour être renseigné sur les dispositions des Satrapes eux-mêmes, Darius envoyait chaque année d'autres officiers, qu'on appelait les *Yeux* et les *Oreilles* du roi, parce qu'ils étaient chargés de tout voir et de tout entendre, pour le lui rapporter.

Lorsque Darius, grâce à ces mesures, régna en maître absolu sur les états de Cyrus et de Cambyse, il forma le projet de les agrandir encore. Son ambition le poussait à conquérir la Grèce, et, pour ne pas être troublé dans cette guerre, il résolut d'attaquer d'abord les Scythes, qui étaient venus autrefois envahir l'Asie.

Il rassembla une armée de huit cent mille hommes, traversa l'étroit bras de mer que nous appelons encore le BOSPHORE, et se trouva dans une région qui fait aujourd'hui partie de la Turquie, mais qui portait alors le nom de THRACE ; il soumit cette province en passant, et arriva sur les bords du DANUBE, qui formait la frontière du pays des Scythes.

Or dans ce temps-là il n'y avait pas, comme aujourd'hui, des ponts fixes, solidement construits, qui dans tous les pays civilisés permettent de passer sans difficulté d'une rive à l'autre des plus grands fleuves. Pour traverser le Danube, il fallait chercher un gué, c'est-à-dire un endroit où le lit du fleuve fût assez peu profond pour qu'on pût le franchir, non pas à pied sec, mais du moins sans courir le risque de se noyer. On avait bien aussi des barques, mais comment faire passer, soit en barque, soit à gué, les lourds chariots de guerre qui suivaient l'armée de Darius ? La chose était impossible, il fallut chercher un autre moyen. On fit, avec des bateaux fortement liés ensemble, un pont de bois, qui n'avait assurément pas la solidité de nos ponts en pierre ou en fer, mais qui permit à l'armée de franchir le Danube

Darius entra enfin en Scythie ; il parcourut toute la région qui forme maintenant le sud de la Russie, et brûla les villages qui se trouvaient sur sa route, mais ne put pas une seule fois combattre les Scythes; ceux-ci fuyaient devant lui, et il ne réussit pas à les atteindre.

Darius ramena presque toute son armée saine et sauve, et obtint ainsi, sans danger, le résultat qu'il voulait, car les Scythes effrayés n'osèrent plus, pendant de longs siècles, passer ni le Danube ni le Caucase.

Suivant Hérodote, au contraire, Darius laissa dans les plaines glacées de la Scythie un grand nombre de ses soldats, morts de froid ou de faim ; et, pour réparer cet échec, il alla faire contre l'Inde une expédition qui lui soumit cette contrée.

XX

EMPIRE PERSE

6. LES INVASIONS EN GRÈCE

490-471 av. J.C.

Défaite de l'armée de Darius.
Expédition malheureuse de Xerxès.

En voyant les succès qu'il avait déjà remportés, Darius se crut certain de réussir dans son projet de conquérir la Grèce ; aussi cette fois il ne prit pas la peine de commander lui-même son armée, il la confia à son gendre MARDONIUS. Mais il se trompait absolument dans ses prévisions : si la Thrace avait été aisément soumise, le grand nombre des soldats perses échoua contre la valeur d'un petit peuple : les Athéniens, avec dix mille hommes à peine, sous le commandement de Miltiade, vainquirent complètement l'immense armée perse, qui dut revenir en Asie très-diminuée.

Darius fut irrité au dernier point de cet échec qu'il n'avait pas cru possible. Il faisait des préparatifs formidables pour une seconde invasion en Grèce, lorsqu'il mourut, laissant la couronne à son fils Xerxès.

Le nouveau roi était beaucoup moins intelligent que son père, et il était beaucoup plus orgueilleux ; comme il avait été élevé au milieu de flatteurs qui ne cessaient de le louer à tout propos, il croyait que son mérite était sans bornes comme sa puissance.

Xerxès continua les préparatifs que son père avait commencés contre les Grecs. Lorsqu'il eut réuni un million de soldats et une flotte considérable, il se mit en marche vers la Grèce, comptant bien emmener en esclavage les habitants de ce petit pays, et le repeupler de sujets dociles.

Pour passer d'Asie en Europe, il fit jeter sur l'HELLESPONT (aujourd'hui détroit des DARDANELLES), un pont de bateaux, comme son père l'avait fait pour le Danube, et son immense armée commença à défiler.

Pendant la nuit qui suivit, il survint un violent orage, et la mer fut si agitée que les vagues brisèrent le pont. En apprenant cet accident, Xerxès entra dans une violente colère; il n'était pas accoutumé à la moindre contrariété, et il lui semblait que la mer devait être, comme les hommes, soumise à son autorité ; aussi, pour montrer qu'il la regardait comme une esclave révoltée, il la fit battre de verges, et ordonna de jeter dans les flots une paire de chaînes. Personne n'osa rire de cette action extravagante, mais les hommes sages purent prévoir dès lors les malheurs qui attendaient une armée conduite par un pareil chef.

En effet, l'année ne s'était pas écoulée que Xerxès fut obligé de revenir en Perse ; son armée était vaincue, sa flotte détruite, et comme la mer avait de nouveau brisé le pont, il fut bien heureux de trouver une barque pour rentrer dans ses États.

Par suite de cette défaite, il perdit même la province de Thrace, que son père Darius avait conquise ; et, ce qui fut bien plus funeste pour son empire, il excita chez les Grecs un tel ressentiment que, depuis cette époque, les guerres ne cessèrent plus entre les Grecs et les Perses.

XXI

EMPIRE PERSE

7. LA RETRAITE DES DIX MILLE

471-401 av. J.-C.

Complots de CYRUS LE JEUNE
contre ARTAXERXÈS MNÉMON ; bataille de CUNAXA.
Retraite des DIX MILLE.

L'Histoire des successeurs de Xerxès est en général peu intéressante : on y voit des révoltes dans les diverses provinces, des guerres contre les Grecs, enfin, dans le palais même des rois, des assassinats, des empoisonnements, des crimes de toute sorte.

Cependant le règne d'ARTAXERXÈS-MNÉMON (c'est-à-dire Artaxerxès à la bonne mémoire), arrière-petit-fils de Xerxès, présente des événements importants. Ce prince, fils de DARIUS II et de PARYSATIS, succéda à son père en qualité d'aîné, mais sa mère lui préférait de beaucoup son second fils, appelé CYRUS, comme le fondateur de l'empire perse, et surnommé LE JEUNE, pour le distinguer de celui-ci, que l'on appelle CYRUS L'ANCIEN ou encore CYRUS LE GRAND.

Parysatis avait vainement essayé de décider Darius à désigner Cyrus comme son successeur, et ne pouvant y réussir, elle avait du moins obtenu pour ce fils chéri le gouvernement de l'Asie-Mineure. Le jeune prince montra dans son administration de grandes qualités : il était brave, intelligent, et plus actif que son frère ; si donc il avait été placé sur le trône, il aurait peut-être arrêté la décadence de la monarchie perse. Par malheur, il ne fut pas roi de droit, et son ambition le poussant à s'emparer du trône par la ruse et par la force, il causa lui-même sa propre perte.

Il était d'usage que chaque roi de Perse allât, en grande pompe, quelques jours après son avènement, recevoir la couronne dans la ville de PASARGADES, fondée par Cyrus le Grand, et où était son tombeau. Il y avait là un temple où l'on ceignait au nouveau roi l'épée autrefois portée par l'illustre fondateur du royaume des Perses; et où on lui faisait boire un breuvage composé de lait et de vinaigre, pour signifier que l'exercice du pouvoir royal est mêlé d'amertume et de douceur.

Le jour où Artaxerxès devait se rendre à Pasargades, son frère se cacha dans le temple, avec l'intention de tuer son rival au pied de l'autel. Son dessein criminel, qu'il croyait bien secret, avait pourtant été découvert, et au moment où il allait se précipiter sur son frère, les gardes le saisirent; Artaxerxès donna immédiatement l'ordre de le mettre à mort, et déjà le bourreau s'avançait vers lui, lorsque Parysatis s'élança, entoura le jeune homme de ses bras, et obtint sa grâce à force de prières et de supplications. Le roi eut même la générosité, on pourrait presque dire la faiblesse, de rendre à son frère le gouvernement de l'Asie-Mineure; mais Cyrus ne fut pas touché de cette clémence : l'ambition étouffait en lui tout autre sentiment, et il ne fit usage de la liberté qu'on lui laissait que pour comploter de nouveau contre son frère.

Cette fois il agit prudemment, de manière à ne pas exciter les soupçons des surveillants placés auprès de lui : sous divers prétextes, il réunit à Sardes, où il résidait, plus de cent mille soldats, parmi lesquels treize mille Grecs; ceux-ci étaient tout disposés à servir un ennemi du roi de Perse, et, de plus, Cyrus leur avait promis de grandes récompenses. — On donne le nom de MERCENAIRES à ces soldats qui, au lieu de consacrer leurs armes uniquement à la défense de leur patrie, vendent leurs services à qui veut les payer.

A la tête de cette armée, il quitta Sardes à l'improviste, traversa rapidement l'Asie, et arriva près de Babylone, dans un lieu nommé CUNAXA ; là il rencontra des troupes envoyées contre lui par Artaxerxès, et la bataille s'engagea. Cyrus allait remporter la victoire, grâce à son habileté, et grâce surtout au courage de ses Mercenaires grecs, lorsqu'il tomba mortellement blessé. Sa mort dispersa son armée : tous ses soldats s'enfuirent, excepté les Grecs, qui restèrent armés et ne voulurent pas s'avouer vaincus.

La présence de cette petite troupe, vaillante et résolue, au milieu de l'empire, inquiétait Artaxerxès et ses courtisans; ceux-ci lui conseillèrent une perfidie, et il en permit l'exécution : un Satrape promit aux Grecs de les laisser retourner sains et saufs dans leur pays, et de leur fournir même des vivres pour le voyage; et, lorsque toute défiance de leur part fut dissipée, on engagea leurs chefs à se rendre à une entrevue; ils se laissèrent prendre au piège, et furent tous massacrés.

Cette trahison, loin d'engager les Grecs à céder, les exaspéra. Au lieu de se décourager, ils nommèrent aussitôt d'autres chefs, et parmi eux un Athénien nommé XÉNOPHON, qui a écrit, sous le titre d'ANABASE, le récit de cette retraite. Ces nouveaux chefs leur proposèrent une entreprise hardie : c'était de retourner tous ensemble, en combattant s'il le fallait, à travers un pays inconnu et ennemi, jusqu'aux rivages de la mer, pour tâcher de regagner leur patrie. Ils acceptèrent avec enthousiasme, et alors commença cette marche qu'on a appelée la RETRAITE DES DIX MILLE, parce que c'était à peu près à ce nombre qu'était réduite la petite armée.

De Cunaxa à Cotyora, ville de l'Asie-Mineure, sur le Pont-Euxin, où ils purent s'embarquer pour leur pays, les Grecs eurent à parcourir une distance de plus de 6,410 kilomètres, c'est-à-dire environ 1,600 lieues.

La retraite dura, suivant le récit de Xénophon, deux cent quarante jours, et elle fut encore plus difficile que longue. Les Dix Mille manquèrent souvent de vivres, ils souffrirent horriblement du froid dans les montagnes couvertes de neige, qu'il leur fallut traverser pour atteindre la mer Noire; et l'éclat même de la neige causa beaucoup d'ophthalmies, c'est-à-dire de maux d'yeux; au milieu de ces souffrances et de ces privations de tout genre, ils avaient sans cesse à se défendre contre les attaques des satrapes. Rien ne les rebuta, et leur énergie fut enfin récompensée : la plupart d'entre eux revirent leur patrie.

Artaxerxès était sauvé, mais la Retraite des Dix Mille n'en était pas moins une preuve frappante de la faiblesse où était tombée la monarchie perse : en effet, si une aussi petite troupe avait pu traverser d'un bout à l'autre cet immense empire, il était évident qu'une armée grecque, bien organisée et conduite par un chef habile, pourrait envahir la Perse, comme Darius et Xerxès avaient envahi la Grèce, mais avec plus de succès. On en eut bientôt la preuve.

XXII

EMPIRE PERSE

8. LA VIEILLESSE D'ARTAXERXÈS MNÉMON

401-362 av. J.-C.

Révolte en Egypte ; Crimes commis dans la famille royale.

Il semblait que la mort du jeune Cyrus, en délivrant Artaxerxès d'un rival redouté, dût assurer à ce prince un règne tranquille ; il n'en fut rien cependant : tandis que l'Egypte se soulevait et se rendait presque indépendante, le palais même du roi devint le théâtre de vengeances et de crimes abominables.

Parysatis ne pouvait oublier le triste

sort de son fils préféré, et poursuivait de son ressentiment toutes les personnes qui avaient souhaité le triomphe du roi sur son frère. De ce nombre était STATIRA, femme d'Artaxerxès, qui s'était réjouie publiquement de la défaite et de la mort de Cyrus.

Il n'était pas aisé à Parysatis de satisfaire sa haine contre Statira, car celle-ci était protégée par l'affection du roi son époux. La vieille reine était aussi rusée que vindicative : sentant bien qu'elle ne pouvait agir ouvertement, elle feignit de se réconcilier avec Statira, et lui témoigna la plus vive affection ; elle semblait ne pouvoir plus se passer de sa présence, et l'engageait même souvent à partager ses repas. La jeune femme n'osait s'y refuser, mais elle conservait contre sa belle-mère une méfiance bien justifiée, et, de peur qu'on ne mêlât du poison dans ses aliments, elle se refusait à manger d'aucun mets avant que Parysatis en eût goûté.

Ces précautions ne purent soustraire Statira à la vengeance qu'elle redoutait : un jour, Parysatis fit servir sur sa table un oiseau rare ; elle-même, prenant un couteau, le partagea en deux, en offrit la moitié à sa belle-fille et mangea l'autre moitié. Mais à peine Statira eut-elle goûté de ce mets qu'elle tomba dans d'effroyables convulsions et expira empoisonnée ; Parysatis avait à l'avance enduit de poison un des côtés de la lame dont elle s'était servie.

Le roi ne put d'abord s'expliquer cette mort ; mais une esclave de Parysatis lui ayant révélé le crime, il fut saisi de colère, et ordonna à sa mère de se retirer pour le reste de ses jours à Babylone ; c'est là que cette femme cruelle mourut quelques années après, justement abandonnée de tous.

Artaxerxès, cependant, commençait

à vieillir, et il résolut de conférer le titre de roi à son fils aîné, nommé Darius, en lui permettant de porter la tiare royale ; il avait pour agir ainsi deux raisons : il espérait que Darius l'aiderait à gouverner ses vastes Etats, et il croyait empêcher entre ses fils les querelles qui s'étaient produites entre lui et son frère Cyrus.

Il fut bien trompé dans ses espérances : Darius, non content d'être associé à la royauté, voulut la posséder sans partage, et conspira contre la vie de son père. Le roi découvrit ce dessein, et se montra impitoyable : Darius paya de sa vie ses projets parricides.

Deux fils restaient encore à Artaxerxès : l'un d'eux périt misérablement, et le troisième, nommé OCHUS, assista seul aux derniers moments de son père, qui mourut accablé de chagrin, après avoir trouvé ses plus grands ennemis dans sa propre famille.

XXIII

EMPIRE PERSE

9. OCHUS

362-338 av. J.-C.

Cruautés d'Ochus. — Soumission de l'Egypte. Bagoas. — Arsès. — Darius Codoman.

Ochus avait seul été témoin de la mort de son père. Loin d'annoncer aussitôt cette mort aux Satrapes, il la leur cacha durant plusieurs mois ; pendant tout ce temps, il leur donna des ordres au nom d'Artaxerxès, qu'on croyait toujours vivant, et lorsqu'enfin il leur apprit la vérité, c'est qu'il était déjà certain de leur obéissance.

Le premier soin d'Ochus, en arrivant au trône, fut de faire mettre à mort tous les princes et toutes les princesses du sang royal; et sa propre sœur, Ocha, dont tout le crime avait été de déplorer cette cruauté inouïe, fut enterrée toute vive. Une seule princesse, nommée Sisygambis, réussit à sauver son jeune fils du massacre, et s'enfuit dans une province éloignée, où elle vécut inconnue, tant que dura le règne d'Ochus.

Le nouveau roi avait trop d'orgueil pour supporter, comme son père, que l'Egypte se gouvernât elle-même et repoussât la domination perse ; il rassembla une nombreuse armée et vint attaquer l'Egypte, alors gouvernée par un prince appelé Nectanébo. Ce roi avait pris à son service des soldats grecs, toujours disposés à combattre le roi de Perse, et, grâce à leur courage, Ochus fut d'abord vaincu.

Cette défaite, engagea d'autres peuples à se révolter, les Phéniciens, entre autres ; quatre ans se passèrent en luttes contre les rebelles, et Ochus réussit à les réduire à l'obéissance.

Il vint alors attaquer de nouveau les Egyptiens. Malheureusement pour l'Egypte, Nectanébo n'était ni brave ni habile : à l'approche des Perses, il prit peur et s'enfuit vers l'Ethiopie, où il mourut sans doute, car personne n'entendit plus parler de lui. L'Egypte, abandonnée par son chef, se soumit sans résistance et retomba pour toujours sous le joug de l'étranger.

Ochus avait montré, dès le début de son règne, trop de cruauté pour qu'on pût attendre de lui un gouvernement doux et pacifique : il couvrit l'Egypte de ruines, et ses extravagances dépassèrent même celles de Cambyse. Non-seulement il pilla les temples, il égorgea les prêtres, mais il irrita au plus haut degré les Egyptiens, en faisant servir le bœuf Apis, rôti, dans un festin qu'il donnait à ses courtisans.

Or il y avait parmi les officiers de l'armée perse, un Egyptien nommé Bagoas, qui jusque-là s'était montré fort dévoué à son maitre. Il fut indigné de cette action, qui lui semblait un sacrilège, et résolut d'en tirer une vengeance éclatante. Comme il possédait toute la confiance du roi, il ne lui fut pas difficile d'exécuter son dessein : il empoisonna le roi et fit dévorer sa chair par des chiens, pour le punir, disait-il, d'avoir fait manger celle du dieu Apis par les Perses.

Bagoas aurait pu facilement se faire proclamer roi; mais comme il savait bien que les diverses provinces de l'empire ne se soumettraient pas volontiers à un Egyptien, il aima mieux placer sur le trône le fils d'Ochus, nommé Arcès, et gouverner sous son nom. Puis, quelque temps après, mécontent de ce jeune prince, qu'il ne trouvait pas assez docile, il le fit mettre à mort et appela à la royauté ce fils de Sisygambis qui avait été sauvé du massacre. Le nouveau roi, qui s'appelait *Codoman*, prit alors le nom de DARIUS III.

XXIV

10. CHUTE DE L'EMPIRE PERSE

338-331 av. J.-C.

Dangers courus par Darius III ; mort de Bagoas.
Invasion d'Alexandre en Perse.
Défaite et mort de Darius.
La Perse conquise par les Grecs.

Darius III Codoman avait été élevé dans la retraite par sa mère Sisygambis ; il était brave et humain ; et s'il laissa périr avec lui la monarchie des Perses, ce ne fut pas par sa faute, mais par suite de l'infériorité de la nation Perse à l'égard des nations européennes.

Dès le commencement de son règne, Darius se trouva exposé à un grand danger, mais qui du moins ne menaçait que sa personne et non l'empire tout entier : Bagoas s'était flatté d'exercer le pouvoir royal au nom de son protégé ; lorsqu'il vit que celui-ci montrait de l'activité et entendait régner par lui-même, son ambition déçue lui suggéra la pensée de le faire périr, comme Ochus et Arcès. Heureusement Darius savait de quels desseins Bagoas était capable ; il le fit surveiller, s'assura de ses projets criminels, et sut, au moment où son ministre lui offrait un breuvage empoisonné, changer adroitement de coupe avec lui, de sorte que Bagoas périt victime de sa propre perfidie.

Mais Darius ne devait pas être longtemps paisible possesseur du trône : Les Grecs, qui plus d'une fois déjà avaient vaincu les Perses, se trouvaient alors réunis sous un seul chef, et ce chef, l'un des plus habiles guerriers et des plus grands princes dont l'histoire ait gardé la mémoire, était ALEXANDRE, roi de Macédoine.

Alexandre brûlait du désir de reporter en Asie les invasions que Darius Ier et Xerxès avaient faites en Grèce. A la tête d'une armée peu nombreuse, mais intrépide et bien disciplinée, il entra en Asie-Mineure et vainquit sans peine les généraux que Darius Codoman envoyait à sa rencontre.

Le roi de Perse vint alors lui-même au devant de cet ennemi redoutable; il fut vaincu à ISSUS, et vit sa mère, sa femme et ses enfants, tomber au pouvoir du vainqueur. Il assembla une nouvelle armée, et recommença la lutte auprès d'ARBELLES; il fut encore vaincu, et périt assassiné, dans sa fuite, par un traître nommé BESSUS.

Alexandre usa noblement de sa victoire : il traita avec respect la famille de Darius, il pleura la triste fin de ce malheureux prince et punit de mort le misérable qui l'avait assassiné; enfin il se montra digne du succès. La sagesse et l'humanité qu'il déployait contribuèrent presque autant que sa bravoure à lui assurer l'avantage, et, en trois ans, tous les peuples qui composaient l'empire des Perses furent soumis au conquérant Grec.

Pour la première fois, l'Asie et l'Egypte obéissaient à un prince de l'Europe, qui allait leur apporter des lois et des mœurs bien différentes de celles de l'Orient. C'est ce grand événement qui marque la fin de l'Histoire Ancienne proprement dite.

Paris Imp. SERINGE FRERES, 2 Place du Caire.

I. TABLE

PAR ORDRE DE CHAPITRES

ÉGYPTE

ASSYRIE

II. TABLE

PAR ORDRE ALPHABÉTIQUE

A

D

E

G

H

I

J

K

L

O

P

R

S

T

Paris, Imp. Seringe Frères, 2, Place du Caire.

www.ingramcontent.com/pod-product-compliance
Ingram Content Group UK Ltd.
Pitfield, Milton Keynes, MK11 3LW, UK
UKHW022103190726
13855UKWH00002B/611

9 782012 952560